La face cachée de l'Inde

Chez le même éditeur

Jagdish Bhagwati, *Éloge du libre échange*

William Easterly, *Les pays pauvres sont-ils condamnés à le rester ?*

Bernard Nadoulek, *L'épopée des civilisations*

Jean-Paul Nerrière, *Don't speak English : Parlez globish !*

Douglass C. North, *Le processus du développement économique*

Vilayanur Ramachandran, *Le cerveau, cet artiste*

Alain Simon, *Géopolitique d'un monde mélancolique*

Izzi Lokku

La face cachée de l'Inde

Traduit de l'anglais par Sabine Rolland

EYROLLES

Groupe Eyrolles
61, bd Saint-Germain
75240 Paris cedex 05

www.editions-eyrolles.com

ISBN : 978-2-212-53815-1
© Groupe Eyrolles, 2007

SOMMAIRE

À la mémoire de mon père Elisha Lokku

INTRODUCTION

« Il y a trois façons de voir les choses :
la bonne, la mauvaise et l'indienne. »

PROVERBE DIPLOMATIQUE

Il y a quelques années, à l'occasion d'un séjour dans le sud de la France, j'ai visité une magnifique cathédrale du début du XVIe siècle en compagnie de mon fils de quatre ans. À peine avions-nous pénétré dans l'édifice que mon petit garçon s'est mis à crier : « Harry Potter ! Harry Potter ! Papa, c'est l'école d'Harry Potter ! » et à courir dans tous les sens à la recherche de son héros préféré. J'étais interloqué. Heureusement, il n'y avait pas foule dans la cathédrale. J'ai essayé d'expliquer à mon fils que ce n'était pas l'école d'Harry Potter, mais une église, et que dans une église on ne devait pas faire de bruit. Bien sûr, il était très déçu et ne comprenait pas vraiment ce que je lui disais. Mais je ne pouvais pas lui en vouloir : cette cathédrale semblait, en effet, tout droit sortie d'un film d'Harry Potter.

Je suis frappé de voir d'où les enfants — et les adultes aussi, d'ailleurs — tirent leurs références culturelles. Dans mon pays, lorsque je montre des temples et des mosquées de toute beauté à des amis étrangers, ces derniers me demandent souvent pourquoi il y a une croix gammée sur un temple hindou ou une étoile de David, symbole judaïque, sur une mosquée (après tout, les juifs et les musulmans sont ennemis, n'est-ce pas ?).

Je leur explique que ce n'est pas un symbole nazi mais une svastika, un symbole hindou vieux de cinq mille ans synonyme de santé et de prospérité. Malheureusement, l'Allemagne hitlérienne l'a copiée, déformée, et en a fait son emblème. Je leur raconte aussi que l'Inde ancienne comptait dans sa population de nombreux artisans juifs qui utilisaient librement des symboles aussi bien juifs qu'islamiques sous la protection bienveillante des rois de l'époque. Et que l'étoile de David se résume à deux triangles inversés et entrecroisés, un motif couramment employé depuis des siècles par les femmes des villages indiens pour décorer leurs jupes, ainsi que les sols, les murs et les portes de leurs maisons. Un symbole qui n'a pas attendu l'avènement du *Da Vinci Code* et sa théorie du complot contre l'union du masculin et du féminin. Mes amis étrangers me regardent souvent d'un air perplexe.

Pour les touristes qui visitent l'Inde, parler de « choc culturel » est un mot bien faible. En réalité, votre vie peut basculer d'un coup. Si vous découvrez ce pays pour la première fois, vous n'êtes pas à l'abri d'une dépression nerveuse.

Premier choc en descendant de l'avion. Contrôle de l'immigration oblige. Des queues interminables, l'une réservée aux étrangers, l'autre aux Indiens. Vous vous dites que la discrimination a déjà commencé. Combien de temps allez-vous attendre ? Tout dépend si vous avez de la chance et si l'employé assis derrière son bureau est de bonne humeur. Après avoir récupéré vos bagages dans la bousculade générale, vous sortez enfin de l'aéroport pour être assailli sur-le-champ par des chauffeurs de taxis qui happent votre sac ou votre valise. Une fois que vous vous êtes engouffré dans un vieux taxi tout bringuebalant qui ressemble à un vestige de la Seconde Guerre mondiale, vous regardez le paysage qui défile. Et que voyez-vous ? Une marée humaine. Des voitures qui klaxonnent. Des véhicules de toutes formes et de toutes tailles qui crachent une fumée noire. La chaleur et la pollution vous font suffoquer, l'air que vous respirez vous brûle les narines. Quoi d'autre ? Vous croisez des hommes qui urinent le long des murs tout en admirant des affiches de films, des chiens errants qui se courent après, des vaches qui traversent les routes sans se soucier de la signalisation, et des mendiants de tous âges, enfants et vieillards, qui frappent à la vitre de votre taxi pour obtenir quelques roupies ou, encore mieux, un dollar.

Vous êtes cahoté tout au long du trajet sur des routes défoncées que se partagent les taxis, les cyclistes, les camions, les piétons, les rickshaws... Les mêmes scènes se répètent d'une route à l'autre, d'un aéroport à l'autre, d'une gare à l'autre et, où que vous soyez, vous n'échappez pas aux gigantesques panneaux publicitaires qui vous vantent des cosmétiques, des sodas, des crèmes solaires, des produits d'assurance, de nouvelles chaînes télévisées, des téléphones mobiles, etc., etc.

Vous ne tardez pas à faire la comparaison avec votre dernier voyage dans un pays d'Extrême-Orient. Des aéroports propres et spacieux, des agents de contrôle de l'immigration qui vous accueillaient en vous saluant avec le plus grand respect, des files de taxis haut de gamme, flambant neuf, qui attendaient sagement que vous leur fassiez signe, des routes à plusieurs voies parfaitement lisses et sans animaux égarés en vue, une charmante hôtesse qui vous souhaitait la bienvenue et vous demandait si vous aviez besoin d'un interprète, cette jeune femme du pays, une collègue aussi belle que polie dont vous auriez pu tomber amoureux et que vous auriez pu épouser... Vous commencez à vous demander si vous êtes bien dans cette superpuissance que l'on appelle l'Inde ou si tout ce que l'on dit dans les médias n'est que mensonges. Mais attendez, n'en tirez pas trop vite des conclusions. Soyez patient. Car ici la patience est indispensable. Et puis ne dit-on pas que la beauté est quelque chose de subjectif ?

Dans un monde globalisé, comprendre la culture locale est la clé de la réussite, tant au niveau professionnel que personnel. Mais dans un pays comme l'Inde où la langue, les accents, les dialectes, les couleurs, les costumes, la cuisine et la topographie changent tous les cent kilomètres, comment un étranger pourrait-il s'y retrouver ? Les Indiens ont déjà du mal à comprendre leur pays et leurs compatriotes. Il n'est pas étonnant que l'Inde soit surnommée le sous-continent cauchemar des démographes.

Dans un monde globalisé où les définitions réductrices et les généralisations excessives prolifèrent, il est important de prendre le temps de réfléchir sur l'économie, sur son environnement et à leur impact sur la société. Nous devons essayer de comprendre et d'apprécier réellement les populations locales, leur culture et, si possible, d'introduire des changements positifs dont tout le monde profitera.

Ne comptez pas trouver dans ce livre la formule magique pour réussir sur le marché indien : il ne vous proposera que quelques éléments clés pour mieux cerner un pays aussi complexe que l'Inde. Il ne s'agit pas d'une étude approfondie, mais d'un aperçu à la fois historique et socio-économique dont l'objectif est de permettre aux étudiants, aux hommes d'affaires et à tous les amoureux de l'Inde d'avoir une compréhension un peu plus juste de ce pays.

CHAPITRE 1

Un pays déroutant

L'Inde résiste à toutes les définitions. Même aux définitions standard de l'économie de marché. Tout le monde sait que l'Inde est un grand marché. Contrairement aux pays occidentaux qui représentent un petit nombre d'individus consommant un grand nombre de biens et de services, l'Inde représente un grand nombre d'individus consommant un grand nombre de biens et de services. On peut dire aussi qu'une part infime de ce grand nombre d'individus (laquelle peut représenter un très grand nombre) consomme un petit nombre de biens et de services (lequel peut représenter un très grand nombre). Ou qu'un grand nombre d'individus consomme un petit nombre de biens et de services (ce qui peut équivaloir, là aussi, à un très grand nombre de biens et de services consommés).

Déjà désorienté ? Cela ne fait que commencer.

Tout ce qui concerne l'Inde est relatif. Il fut un temps où l'on nous disait qu'il fallait à tout prix éviter le surpeuplement ; aujourd'hui, on nous engage à procréer en nous expliquant que le capital humain est précieux. D'ailleurs, les nations occidentales appellent leurs citoyens à faire davantage d'enfants. Mais contrairement aux Occidentaux, les Indiens n'ont pas besoin de remporter la coupe du monde de football pour augmenter leur taux de natalité... Au rythme actuel, la population indienne aura dépassé la population chinoise en 2040, voire avant.

Pourtant, une population immense ne suffit pas à faire un marché. Par exemple, sur les 500 millions de femmes qui vivent en Inde, 99 % portent le costume traditionnel. Elles n'ont donc pas besoin de sous-vêtements. Nulle part ailleurs, sur cette planète, vous ne trouverez 500 millions de femmes aller et venir sans sous-vêtements. Vous en déduisez que l'Inde représente un énorme marché potentiel pour les sous-vêtements féminins. Avez-vous raison ? Oui. Non. Peut-être. Que faire quand on est responsable du développement de la marque Wonderbra ?

Tout ce qui concerne l'Inde est démesuré et déroutant au possible. Vrai et faux à la fois. Perturbant et réconfortant. L'Inde, c'est le verre à moitié vide ou à moitié plein.

Un ancien maire de Jérusalem est devenu célèbre pour avoir dit que si vous mettiez un toit au-dessus de sa ville, vous en feriez le plus grand asile d'aliénés du monde ! Et si vous mettiez un toit au-dessus de l'Inde, que deviendrait-elle ? La plus grande clinique pour schizophrènes du monde ? (Blague à part, l'Inde abrite le plus grand nombre de schizophrènes au monde...)

L'Inde a reçu d'innombrables qualificatifs. On l'a baptisée « le berceau de la civilisation », « l'âme du monde » ou « la belle-mère du monde ». On l'a aussi affublée des adjectifs « pauvre », « sale » ou « spirituelle ». Mais qu'est-elle réellement ? Dans le film culte *Apocalypse Now*, les GI surnommaient le Vietnam « le trou du cul du monde ». Et les humanitaires parlent de l'Afghanistan (en particulier de Kaboul) comme de « l'aisselle du monde ».

Quelle expression emploiera-t-on pour désigner l'Inde ? Dans les médias occidentaux, il est question de la « fatigue africaine » — les gens sont las de voir tout le temps à la télévision des catastrophes humanitaires. Parlera-t-on un jour d'une « fatigue indienne » ou d'une « fatigue chinoise » ? Pour l'instant, le point de saturation n'est pas encore atteint. Les médias se contentent de décrire la Chine comme « l'atelier du monde » et l'Inde comme « le bureau du monde ».

« Si vous voulez comprendre l'Inde, voyagez en train sans réservation. » « L'Inde est une anarchie qui fonctionne. » « Un chaos organisé. » Si le monde est Cindy Crawford, l'Inde est son grain de beauté. L'Inde est une femme : aimez-la ou détestez-la, mais n'essayez pas de la comprendre. Quoi d'autre ? Poursuivez votre lecture et vous verrez.

CHAPITRE 2

La Grande Métamorphose

L'Inde a toujours été connue pour ses illusionnistes et ses tours de magie. Mais aujourd'hui, la presse mondiale ne parle plus que de sa Grande Métamorphose. Un peu kafkaïen ? Peut-être, mais il est vrai que le sous-continent est en pleine mutation.

Dans les années 1960 et 1970, l'Inde était la destination phare de hordes de hippies qui venaient ici en quête de l'illumination, pour sauver leur âme et trouver des paradis artificiels bon marché. C'est l'époque où les mots « karma », « gourou », « nirvana », « tantra » ou « yoga » firent leur apparition dans toutes les langues, ou presque.

Aujourd'hui, l'Inde est redevenue la destination favorite des étrangers. À cette différence près que l'objectif de ces derniers n'est pas de trouver un réconfort spirituel mais de conquérir de nouveaux marchés. Responsables de marques mondiales, dirigeants de multinationales, ingénieurs-conseils en informatique, étudiants de grandes écoles de commerce — tous affluent en masse vers le sous-continent indien. Ils viennent là avec un enthou-

siasme naïf et des mots creux tels que « réformes »,
« économie de marché », « délocalisation », « potentiel
inexploité », « secteur informel », etc.

Les charmeurs de serpents, les famines, les anciens
maharadjahs, les mariages d'enfants, le Kama-sutra, les
gens qui meurent de faim, les ascètes sur leur lit de clous
ou en équilibre sur leur seul pénis, les temples, les forts,
les palais et les gourous laissent place aux centres commerciaux, aux multiplexes, aux centres d'appels, aux
routes à plusieurs voies, aux investissements directs
étrangers, etc.

D'une nation pauvre et sous-développée à un immense
marché débordant de consommateurs : le changement de
perception a été rapide. C'est presque du jour au lendemain que les Occidentaux ont vu l'Inde autrement.
L'essor fulgurant des services informatiques, une main-
d'œuvre bon marché et qualifiée, et la volonté des entreprises étrangères de réduire leurs effectifs locaux pour
faire des économies (et enrichir les actionnaires) ont
engendré un boom des délocalisations vers l'Inde permettant de diviser les coûts par dix. Les conséquences de
cette « indianisation » des services informatiques ont,
elles aussi, été rapides : emails injurieux, bloggers et
groupes de pression n'ont pas tardé à proliférer. Une
métamorphose à vitesse grand V !

Aux yeux des Occidentaux, les Indiens, jusque-là principalement assimilés à des propriétaires de petites épiceries
et de restaurants de quartier, sont soudain devenus des
« voleurs d'emplois ». Les politiques occidentaux ont
commencé à dénoncer les dangers de l'externalisation
vers l'Inde de nombreux emplois qualifiés dans les sec-
teurs de pointe, la menace qu'elle faisait peser sur les

emplois nationaux et, bien sûr, la sécurité intérieure. Des Allemands ont même scandé : « *Kinder, nicht Inder* » (Nos enfants, pas des Indiens), effrayant la malheureuse petite communauté indienne qui vit sur leur sol. L'Inde est passée d'une économie agricole à une économie de services fondée sur les technologies de l'information. Vraiment ? Non, bien sûr que non ! L'Inde reste majoritairement agricole. L'arrivée de la mousson y demeure plus importante que l'invention d'une nouvelle puce électronique.

Rappelez-vous le fameux bogue de l'an 2000 tant redouté à l'échelle planétaire. Le 31 décembre 2000 à minuit, tous les ordinateurs et serveurs devaient tomber en panne. Il ne fallait pas prendre l'avion cette nuit-là ni transférer des données vers de nouveaux serveurs avant l'heure fatidique ; des satellites allaient nous pleuvoir sur la tête et des bombes nucléaires faire exploser la terre. Des rumeurs selon lesquelles la fin du monde était imminente ont créé une panique planétaire. Finalement, tout cela n'était qu'une farce grossière orchestrée par un groupe d'étudiants de la Silicon Valley.

Mais cette mascarade est à l'origine de l'explosion des nouvelles technologies en Inde. Dans leur course folle pour protéger leurs données et passer le cap de l'an 2000 en toute sécurité, les entreprises étrangères ont été nombreuses à frapper à la porte du sous-continent. Tout le monde connaît la suite : le boom de la nouvelle économie, puis son effondrement avec l'éclatement de la bulle Internet. Les centres d'appels ont poussé comme des champignons. Au bout du fil, des Indiens de la nouvelle génération qui se faisaient appeler Chris ou Sandra et prenaient l'accent américain : « Allo New York ? Ici Bangalore. » Ces premiers centres d'appel ont été remplacés par des centres d'externalisation des processus d'affaires auxquels succèdent aujourd'hui des centres d'externalisation des processus de connaissance.

L'identité de l'Inde actuelle est celle du premier exportateur mondial de services informatiques. D'une façon aussi perverse que cruelle, le monde entier a catalogué l'Inde « nation 100 % informatique ». Si vous avez la peau brune et êtes originaire d'Inde, vous devez être bon en informatique. Défiscalisée, l'industrie indienne des nouvelles technologies ne s'est pas fait prier pour récupérer à son compte cette vision occidentale. La génération actuelle, qui apprend l'histoire à la télévision et au cinéma, associe l'Inde aux technologies de l'information. Exclusivement. L'Inde est perçue comme une superpuissance dans ce domaine, et peu importe que cette superpuissance repose massivement sur les grandes entreprises américaines.

Imaginez un instant que les entreprises étrangères, de retour dans leur pays, changent d'avis et mettent un point d'arrêt à l'externalisation de leurs emplois vers l'Inde pour développer leurs propres compétences. Ou que les gouvernements étrangers, de plus en plus populistes, interdisent purement et simplement la délocalisation. Qu'adviendrait-il alors du secteur des nouvelles technologies en Inde ? C'est le paysan indien qui rirait bien. Mais pour l'instant, il est trop occupé à se donner la mort.

CHAPITRE 3

Les champs de la mort

Au cours de ces dernières années, des dizaines de milliers de paysans se sont suicidés en Inde. Principalement dans le Sud. La plupart possédaient de petites ou de moyennes exploitations. Le Mahatma Gandhi disait : « L'Inde vit dans les villages. Et l'agriculteur est à la base de l'économie indienne. » Mais depuis, les choses ont changé. Tous les jours, ce sont des dizaines d'agriculteurs qui se suicident.

Autrefois tristement célèbre pour ses famines, l'Inde a atteint l'autosuffisance alimentaire grâce à la « révolution verte » des années 1960. Elle a même enregistré des surplus agricoles. Aujourd'hui, malgré tous les moyens technologiques dont il dispose, le pays est en passe de ne plus pouvoir couvrir ses besoins alimentaires par sa propre production. C'est un comble !

Pluies insuffisantes, sécheresse, diminution des nappes phréatiques et, surtout, lois de l'économie de marché, frappent de plein fouet le pauvre paysan analphabète. Pendant ce temps, les autorités véhiculent une image radieuse de l'Inde. Certes, l'Inde resplendit, mais seulement dans les villes et les zones urbaines. Dans les régions rurales les plus reculées, les agriculteurs se suicident en avalant du poison, en se pendant ou en se jetant dans un puits. Les veuves et les orphelins ne comprennent pas ce geste désespéré et ne savent pas comment faire face aux difficultés quotidiennes.

Aujourd'hui, l'agriculture est devenue un jeu d'argent. Les petits agriculteurs empruntent à des taux d'intérêts très élevés, investissent cet argent dans des cultures commerciales et non plus vivrières et, quand les prix des denrées chutent suite aux pressions du marché, se retrouvent totalement démunis. Les banques les harcèlent pour qu'ils remboursent leurs emprunts. Comme ils n'ont pas l'argent, ils finissent par se suicider.

Si la plupart des paysans sont mal informés, certains d'entre eux sont cupides et de vrais moutons de Panurge. Si les cultures vivrières comme le blé et le riz ne leur rapportent pas suffisamment, ils recourent à des cultures à forte intensité capitalistique telles que le coton ou le café, voire à des cultures « haut de gamme » comme les champignons et la vanille !

Mais ce qu'ils ignorent en général, c'est que, dans ce monde globalisé, ils n'ont aucun contrôle sur les prix. Les autorités pratiquent la politique de l'autruche. Certes, elles importent pour résoudre la crise actuelle — elles ont d'ailleurs commencé à importer des céréales vivrières —, mais elles ne s'attaquent pas au fond du problème en informant les agriculteurs sur les risques qu'ils encourent et en leur fournissant un filet de sécurité.

La quasi-totalité des pays industrialisés applique des mesures protectionnistes pour assurer leur sécurité alimentaire et la sécurité financière de leurs agriculteurs.

Mais ils font pression sur les pays en développement au nom des réformes nécessaires, pour réduire les aides accordées aux agriculteurs. Les autorités indiennes privilégient donc les technologies de l'information, les services et l'industrie de transformation au détriment du secteur agricole qui emploie pourtant près de 60 % de la main-d'œuvre.

Actuellement, tout le monde parle de construire des infrastructures. Des infrastructures urbaines, bien sûr. Et les villages les plus démunis ?

À chaque fois qu'il y a un accident de train (et il y en a beaucoup en Inde), on a l'habitude de raconter que des villageois pauvres et illettrés se précipitent sur les lieux de l'accident pour venir en aide aux victimes. Ils sont les premiers à arriver sur place, bien avant les équipes de secours. Mais aujourd'hui, les villages sont exclus du développement économique au nom des lois du marché. Si cette situation perdure, les conséquences risquent d'être terribles et le pays va tout droit à la catastrophe. C'est de la bonne santé de l'Inde rurale que dépend la prospérité de l'Inde tout entière.

CHAPITRE 4

Le grand bazar

Janvier 2004. Quelques mois avant les quatorzièmes élections législatives en Inde, le gouvernement de l'époque, une coalition de différents partis politiques dirigée par le Bharatiya Janata Party (BJP), le parti nationaliste hindou, a fait campagne sur le thème de l'« India Shining » (l'Inde qui brille) pour gagner la confiance des électeurs et obtenir un second mandat.

Selon les spécialistes en communication, cette campagne a raflé la deuxième place en termes d'espace publicitaire occupé dans la presse. Les chaînes télévisées ont diffusé des spots publicitaires pour mettre en avant les grandes réussites de l'Inde : sa croissance spectaculaire, le développement de ses infrastructures, l'augmentation de ses réserves de devises, l'essor fulgurant de son marché boursier, l'amélioration de la qualité de vie de ses habitants, la confiance grandissante de sa classe moyenne et son euphorie générale.

Pourtant, malgré cette campagne très médiatisée qui lui a coûté plusieurs millions de dollars, le gouvernement a perdu les élections. L'Indien moyen, qu'il vive en milieu rural ou en zone urbaine, ne s'est pas reconnu dans « l'Inde qui brille ». Il savait que les réformes ne changeraient rien pour lui. Qu'elles contribueraient même à accroître son sentiment d'insécurité et de précarité et à le désorienter un peu plus.

Dans l'Andhra Pradesh, au sud de l'Inde, où des milliers d'agriculteurs se suicidaient, le Premier ministre, qui avait la mainmise sur cet État depuis neuf ans, a brutalement été détrôné lors des élections. Paradoxalement, ce même État était montré en exemple dans les médias pour son « cybergouvernement » ! (Inutile de demander aux villageois en quoi consiste cette nouvelle forme de gouvernement.) Des chefs d'État, dont le président Bill Clinton et plus récemment George W. Bush, ont visité l'Andra Pradesh. Microsoft, BMW et de nombreuses multinationales ont dévoilé leur intention d'y installer leurs activités. Le gouvernement envisage même d'y construire un circuit de formule 1 — ce qui serait une première en Inde ! Alors que des pauvres paysans se suicident en masse, un gouvernement envisage de construire un circuit de course. Aberrant, non ? Et pourquoi ? Pour attirer les touristes, renforcer le prestige de l'Inde sur la scène internationale et prendre sa revanche sur la Malaisie — si ce petit pays peut avoir un grand prix de formule 1, pourquoi pas l'Inde ? Un raisonnement absurde et indéfendable. Il y a forcément quelque chose qui ne tourne pas rond dans le système. Les vraies priorités ont été oubliées et la majeure partie de la population indienne est laissée pour compte.

Des études montrent que la télévision est plus répandue dans les foyers indiens que les toilettes ! Plus de 60 % des

foyers sont privés d'eau potable. La plupart des villageoises doivent faire des kilomètres pour rapporter de l'eau à
la maison. Et cette eau, généralement contaminée, pro-
voque des maladies contagieuses. Selon l'OMS, 5 millions de personnes meurent chaque année en Inde de
maladies dues à la contamination de l'eau. 5 millions de
morts par an. C'est plus que la population de l'Irlande.
Paradoxalement, l'Inde est l'un des premiers producteurs
du monde de vaccins et de médicaments, qu'elle exporte
dans une centaine de pays. Mais ses propres citoyens n'y
ont pas accès.

Près de 50 % des Indiens n'ont pas l'électricité. Les villageois s'éclairent encore avec des lampes à pétrole. Dans
certains villages du nord de l'Inde, plus de 90 % des
foyers n'utilisent que ce moyen d'éclairage. Comment les
enfants de ces villages peuvent-ils étudier ? À supposer
qu'ils aient des livres, des enseignants et des écoles…

Les pannes de courant sont fréquentes dans les villes. La
faute au délestage. Ces pénuries d'électricité ont créé un
immense marché pour les groupes électrogènes. Mais,
paradoxalement, on voit souvent des éclairages publics
allumés dans la journée à New Delhi, la capitale du pays.
Les responsables qui oublient de les éteindre sont coupables d'un gaspillage criminel de cette énergie si précieuse.

Alors que certaines régions urbaines sont alimentées en
gaz de ville, plus de 50 % des Indiens utilisent le bois
pour faire leur cuisine. La manière normale de cuire
ses aliments en Inde est le feu de bois ! Le gaz de ville est
disponible dans moins de 20 % des foyers. Quant aux
habitants des villages, ils utilisent encore comme com-
bustibles la bouse de vache séchée et le bois ramassé dans
les forêts. Bref, la majorité des Indiens n'ont pas accès à

l'eau potable ni à l'électricité, les deux principaux indicateurs du niveau de développement d'un pays.

Tandis que l'avènement de la voiture dans l'Inde urbaine a créé des embouteillages permanents, la moitié des ruraux continue de se déplacer en bicyclette. Et les villageois les plus pauvres, qui sont des millions, ne peuvent même pas s'offrir un vélo.

Plus de 60 % des foyers indiens n'ont pas de compte bancaire. Comment pourrait-il en être autrement quand on sait que près de 250 millions d'Indiens vivent avec moins de 2 dollars par jour ? (Selon certains rapports, ce sont près de 400 millions d'Indiens qui vivent avec moins d'un dollar par jour !) La moitié de la population indienne ne possède pas d'habitation en dur, c'est-à-dire en ciment, en brique ou en béton.

Alors que, dans les villes et les grands centres urbains, les gratte-ciel et les immeubles poussent comme des champignons, 90 % des habitations rurales sont construites en bambou, avec des herbes sèches, des feuilles et de la boue, ce qui les rend particulièrement vulnérables au déchaînement des forces de la nature. Les statisticiens les qualifient, à juste titre, d'habitations non durables.

Près de la moitié des enfants indiens souffrent de malnutrition chronique. L'Inde se classe au 127e rang sur l'échelle de l'indicateur de développement humain du Programme des Nations unies pour le développement, juste à côté des pays africains les plus pauvres.

Il y a quelques années, lorsque Bill Gates a fait don de 100 millions de dollars pour lutter contre la progression du sida en Inde, de nombreux sceptiques l'ont accusé de vouloir raviver les peurs et ternir l'image du pays. Mais il voyait juste.

Selon l'OMS et l'Unaids, le Programme des Nations unies pour lutter contre le VIH, l'Inde a désormais le triste privilège d'être le pays le plus touché par le sida. Et l'épidémie se propage à un rythme affolant. Elle a même atteint des villages dépourvus des structures de soins les plus élémentaires.

Comme la plupart des maladies sexuellement transmissibles, le sida est tabou en Inde. On lit dans la presse que des patients atteints du VIH sont chassés de leur foyer, abandonnés, voire lapidés ! Au Kerala, un État du sud de l'Inde où l'ensemble de la population sait lire et écrire, des orphelins ont été empêchés d'aller à l'école parce qu'ils étaient séropositifs.

Les parents sont fiers d'avoir des fils, même si ces derniers sont séropositifs. Avant que la nouvelle se propage, ils les marient à des jeunes filles pures et innocentes qui, une fois contaminées, mettront au monde un enfant séropositif. Sous la pression des ONG, les gouvernements de certains États ont envisagé de rendre le test de dépistage du sida obligatoire avant le mariage. Ce projet a soulevé des arguments fallacieux et un tollé général dénonçant la remise en question du caractère sacré du mariage. Par crainte de perdre leurs électeurs, les gouvernements ont fait marche arrière.

Hormis le sida, les habitants d'un pays tropical comme l'Inde sont touchés par de nombreuses maladies contagieuses telles que le paludisme, le choléra, la dengue, la fièvre jaune, l'encéphalite japonaise, l'hépatite B, etc. Tous les ans, l'une de ces maladies apparaît, se propage et fait des milliers de victimes dans les villes et les villages. Aucun effort commun n'est entrepris pour éradiquer et prévenir les maladies.

Le gouvernement consacre moins de 1 % du PIB à la santé publique, et ce 1 % va essentiellement au secteur privé. Les conditions d'hygiène déplorables, la malnutrition et le manque cruel de moyens médicaux sont responsables de la mort de centaines de milliers de nouveaux-nés, d'enfants et de femmes enceintes chaque année.

Plus de 70 millions d'Indiens souffrent d'une carence en iode. 70 millions, c'est plus que la population de la France ! La déficience en iode peut entraîner des troubles de santé chroniques aussi graves que douloureux. Il suffirait pourtant d'inclure du sel iodé dans l'alimentation. Ce n'est pas difficile, non ? Nous lançons des satellites et réalisons des essais nucléaires. Mais nous sommes incapables de fournir du sel iodé à des millions d'Indiens.

Pendant ce temps, les villes profitent de l'essor rapide d'un nouveau secteur d'activité : le tourisme médical. Les hôpitaux privés indiens savent pertinemment que, dans des pays comme les États-Unis et le Royaume-Uni, les listes d'attente pour accéder à des soins simples mais indispensables sont interminables et que les traitements médicaux et la couverture maladie coûtent très cher. C'est pourquoi ils cherchent à attirer un maximum de patients étrangers par diverses publicités et promotions.

Pour moins d'un dixième du prix qu'ils paieraient dans leur pays, les patients britanniques ou américains peuvent se faire faire un pontage, une greffe de moelle osseuse, un lifting, voire se faire dévitaliser une dent ! Incroyable. Comment un riche citoyen occidental peut-il venir se faire traiter dans un pays tropical, pauvre et sale ? C'est très simple. De la même manière que les biens produits dans un pays communiste viennent remplir les rayons des géants de la distribution dans les pays capitalistes, les riches Occidentaux viennent occuper des lits d'hôpitaux haut de gamme dans des pays pauvres. C'est ça, la mondialisation !

On peut lire dans les grands magazines et entendre sur les grandes chaînes de télévision que l'Inde est parfaitement équipée, sur les plans technique et humain, pour proposer des traitements médicaux à des citoyens étrangers. Les riches étrangers qui ont goûté au tourisme médical ne tarissent pas d'éloges sur les compétences des médecins locaux, la prévenance et la gentillesse des infirmières. Ils promettent de faire fonctionner le bouche-à-oreille à leur retour en vantant les mérites de ces professionnels indiens extraordinaires et des infrastructures de pointe de ce pays formidable. Mais, bien sûr, personne ne parle de ces pauvres Indiens, épuisés de devoir patienter aux urgences pour recevoir les soins les plus élémentaires. Sans compter qu'ils se voient souvent refuser l'accès parce qu'ils n'ont pas d'argent. Combien de femmes enceintes, parmi les plus pauvres, sont alors obligées d'accoucher sur les pelouses des hôpitaux ?

Dans les pays occidentaux, les agences spécialisées chargées de dénicher en Inde des hôpitaux dix fois moins chers que ceux du territoire national se sont multipliées. Elles offrent, en prime, un séjour de dix jours aux nombreux « candidats au bistouri indien » afin qu'ils savourent pleinement les joies de l'exotisme... Il ne s'agit plus seulement d'externaliser la maintenance de logiciels, mais la maintenance du corps humain et de ses différentes parties !

En raison d'une pénurie de techniciens de laboratoire (et d'une volonté de réduire les coûts), certains pays occidentaux ont même envisagé d'externaliser les analyses médicales pour les confier aux Indiens. Les prélèvements de selles, d'urine et de sang de patients londoniens pouvaient être étiquetés et expédiés à des laboratoires indiens sous huit à dix heures. Les Indiens les analyseraient en deux à trois heures et envoyer les résultats par Internet. Les Occidentaux économiseraient beaucoup d'argent. Formidable ! Quel excellent *business model* ! Les Indiens savent s'enrichir grâce à… de la merde !

Les gouvernements occidentaux ont abandonné leur responsabilité de santé publique vis-à-vis de leurs citoyens adeptes du tourisme médical, et les gouvernements des pays en développement voient dans cette nouvelle manne économique l'occasion idéale de négliger leurs citoyens les plus démunis. De grandes sociétés de conseil prédisent que, d'ici 2010, l'Inde aura récolté les fruits de l'explosion du tourisme médical, un marché estimé à 3 milliards de dollars ! Si la « délocalisation de la santé » est une industrie prospère en Thaïlande, pourquoi ne le serait-elle pas en Inde ? Des arguments absurdes quand des centaines de milliers d'Indiens meurent parce qu'ils sont trop pauvres pour avoir accès aux soins.

Mais il ne faut pas croire que la pauvreté se limite aux zones rurales. Celle des milieux urbains est encore plus sinistre. La population des villes s'accroît rapidement avec l'afflux massif des habitants des campagnes en quête de travail et de nourriture. Le plus grand bidonville d'Asie se trouve à Bombay. Mais toutes les grandes villes indiennes ont leurs bidonvilles, leurs pauvres qui vivent dans des conditions insupportables à quelques minutes des hôtels cinq étoiles, des centres commerciaux, des aéroports et des quartiers chics.

En Inde, on compte plus de 200 millions d'enfants âgés de 6 à 14 ans. Près de la moitié d'entre eux ne va pas à l'école. Et le taux d'échec scolaire est partout compris entre 40 et 55 %. Bien sûr, ce sont les filles qui abandonnent le plus leur scolarité. Paradoxalement, l'Inde forme plus de 250 000 ingénieurs par an. Il n'y a pas assez d'écoles primaires, de collèges et de lycées, mais suffisamment d'établissements d'enseignement supérieur de renommée internationale en management et en nouvelles technologies. Selon le Pnud, le Programme des Nations unies pour le développement, la fuite de ses cerveaux coûte à l'Inde près de 2 milliards de dollars par an. Le pays dépense en moyenne 18 000 à 25 000 dollars annuels pour former la future élite du pays. Mais dès qu'ils ont terminé leurs études, les diplômés émigrent aux États-Unis ou en Europe, et l'Inde continue de rester pauvre et défavorisée.

Il y a un gouffre entre les riches et les pauvres, entre les pauvres des campagnes et les riches des villes, entre les pauvres des villes et les riches des villes, entre les analphabètes et ceux qui savent lire et écrire, entre ceux qui connaissent l'informatique et ceux qui ne savent pas se servir d'un ordinateur, entre un villageois en mauvaise santé et un riche citoyen en bonne santé. Quand et comment pourrons-nous combler ce fossé ?

CHAPITRE 5

Des fleuves de sang

Si la religion est l'opium du peuple, alors l'Inde peut être baptisée « le pays au milliard d'opiomanes ». Le sous-continent possède davantage de lieux de culte que d'établissements scolaires, universitaires et médicaux.

Le 11 mars 2002, le *Time* titrait : « Nouveau bain de sang en Inde, les tensions entre hindous et musulmans explosent : l'État laïque survivra-t-il ? »

La violence religieuse ou intercommunautaire est un trait marquant de la démocratie indienne. Dans les autres sociétés évoluées, la religion est une affaire privée. En Inde, elle relève toujours du domaine public.

L'Inde est une démocratie laïque composée d'environ 80 % d'hindous et de 14 % de musulmans, le reste de la population étant constitué de sikhs, de chrétiens, de bouddhistes et d'autres minorités religieuses. Ce qui donne aux dirigeants des partis politiques tout le loisir de mobiliser en leur faveur tel ou tel réservoir de voix.

L'Inde a été gouvernée par des empereurs musulmans pendant plus de trois cent cinquante ans, puis par les

© Groupe Eyrolles

Britanniques pendant près de deux siècles. Pourtant, les hindous restent majoritaires. Pourquoi ? Parce que l'hindouisme n'est pas seulement une religion mais un mode de vie. L'hindouisme n'est pas fondé sur un seul texte sacré, un seul dieu, une seule figure emblématique ou une seule langue.

Demandez à n'importe quel villageois de l'Andhra Pradesh, le troisième État le plus peuplé avec 70 millions d'habitants, et il vous répondra sans hésitation que l'Inde compte plus de 330 millions de dieux et de déesses ! Rien d'étonnant à ce que les Indiens soient bons en mathématiques. Plus vous parcourrez le pays et plus vous verrez ce chiffre augmenter. La majorité des hindous, comme la majorité des musulmans et des sikhs, sont des citoyens pacifiques, respectueux de la loi, bref des citoyens ordinaires.

En 1947, l'Inde a accédé à l'indépendance après presque deux cents ans de domination britannique. Le sous-continent a été partagé en deux États : d'une part le Pakistan occidental (l'État actuel du Pakistan) et le Pakistan oriental (qui deviendra le Bangladesh), à majorité musulmane, d'autre part l'Union indienne, à majorité hindoue. Une situation très simple sur le papier, mais à l'origine d'un des plus grands génocides du siècle. La partition s'est accompagnée d'un déplacement massif d'hindous et de musulmans d'Est en Ouest et de terribles massacres. Selon certains experts, la partition de l'Inde a fait davantage de victimes que l'Holocauste. Le sous-continent croulait sous le sang et les cadavres. Des trains entiers chargés d'hommes à la gorge tranchée, de femmes mutilées et violées et d'enfants massacrés franchissaient les frontières. Ennemis jurés, hindous et musulmans se livraient à des représailles mutuelles.

Moins d'un an après l'indépendance, le Mahatma Gandhi, le Père de la Nation, l'homme qui a inspiré Martin Luther King et Nelson Mandela avec son idéologie de la non-violence et ses protestations pacifiques, a été assassiné par un extrémiste hindou. Imaginez : le saint qui marchait sur la terre, comme le décrivait Einstein, toujours une Bible à la main, l'homme qui a lutté pour libérer les opprimés, le plus grand hindou parmi les hindous... tué par un fanatique hindou.

Cette violence religieuse est profondément enracinée dans les mentalités. Elle refait surface régulièrement, et les responsables politiques populistes ne font qu'attiser le feu.

En 1984, Indira Gandhi, alors Premier ministre, a été assassinée par ses gardes du corps sikhs (pour avoir fait intervenir l'armée dans le Temple d'or d'Amritsar, au Pendjab). Petit retour en arrière.

Quelques années auparavant, les extrémistes sikhs avaient lancé un mouvement pour revendiquer leur indépendance et créer leur propre État, le Khalistan, semant la terreur dans le riche et paisible État du Pendjab. Des milliers d'hindous innocents furent assassinés par des sikhs fanatiques pendant que les politiques ne cessaient de se chamailler et de se renvoyer la balle.

En 1983, Indira Gandhi envoya l'armée pour évacuer le Temple d'or où les extrémistes sikhs s'étaient réfugiés avec leurs armes. Les terroristes furent tués mais le Temple d'or, le plus sacré des temples sacrés pour les sikhs, avait été sérieusement endommagé. Les sikhs n'ont jamais pardonné la profanation de leur sanctuaire à Indira Gandhi qui, le 31 octobre 1984, a été assassinée par ses gardes du corps dans son jardin.

Lorsque la nouvelle s'est répandue dans tout le pays, des factions criminelles ont entrepris de massacrer de pauvres sikhs à New Delhi, la capitale indienne. Des milliers de sikhs modérés, qui n'avaient rien à voir avec les extrémistes et l'assassinat d'Indira Gandhi, ont été sauvagement assassinés. Chassés de leurs maisons, ils ont été brûlés vifs avec des pneus autour du cou et des pieds.

Il a fallu des semaines pour rétablir l'ordre dans le pays. Les parents des victimes épargnés par ces pogroms antisikhs se battent encore aujourd'hui pour que justice leur soit rendue, mais, en attendant, les coupables continuent de vivre en toute impunité.

Les dernières violences intercommunautaires auxquelles le monde entier a assisté avec horreur remontent à 2002. Depuis 1990, le BJP gagnait du terrain dans quelques États en promettant aux hindous de faire revivre leur glorieux passé. Sa principale promesse électorale ? Construire un temple en l'honneur de Rama, le dieu hindou du célèbre poème épique du *Ramayana*, à Ayodhya, un site de l'Uttar Pradesh qui abrite déjà une mosquée. Imaginez : un parti politique qui veut édifier un temple dans une ville que se disputent les communautés religieuses. Mais c'est l'Inde médiévale !

Selon le *Ramayana*, Ayodhya est la ville de naissance de Rama. La mosquée d'Ayodhya a été bâtie vers 1525 après J.-C., date à laquelle les Grands Moghols ont commencé à régner sur l'Inde. C'est Baber qui a fondé la dynastie des Grands Moghols, et l'un de ses sujets a décidé d'édifier une mosquée à Ayodhya en son honneur, la célèbre Babri Masjid ou mosquée de Baber.

Les extrémistes hindous prétendent que les musulmans ont rasé un temple dédié à Rama pour y construire une mosquée, symbole de leur domination sur l'Inde. Ils veulent donc corriger l'histoire. La mosquée est devenue une pomme de discorde entre hindous et musulmans, et Ayodhya la scène de graves affrontements intercommunautaires.

Comment peut-on corriger l'histoire ? Réparer des torts immémoriaux ? Dans une société d'une aussi grande diversité religieuse et culturelle que l'Inde, c'est un pari risqué. De tout temps, différents souverains appartenant à différentes religions ont détruit, saccagé et pillé des lieux de culte pour s'enrichir et terroriser la population. L'histoire de l'humanité est ponctuée par un tel usage de la terreur. La majorité des hindous, des modérés, le savent bien. Si vous démolissez une mosquée, vous découvrez un temple hindou, si vous démolissez ce temple hindou, vous trouvez un temple bouddhiste, et si vous démolissez ce temple bouddhiste, vous trouvez un lieu de culte animiste. Et ainsi de suite. C'est le travail des archéologues de mettre au jour sans détruire. Mais si des démagogues décident aujourd'hui de refaire l'histoire, nous courons tout droit à la catastrophe. Car l'histoire ne se refait pas. Vouloir remettre en question ce qu'un souverain musulman a fait il y a 500 ans n'a plus aucun intérêt en 2007. Malheureusement, les politiques sont prêts à tout pour obtenir des voix.

À partir des années 1990, des organisations politiques formées d'extrémistes hindous ont donc récupéré à leur avantage la question brûlante d'Ayodhya, ce qui a marqué le début de la « politique de la haine » en Inde. Le BJP a lancé un mouvement à l'échelle nationale en faveur de l'édification d'un temple dédié à Rama sur le site de la mosquée d'Ayodhya. En décembre 1992 un demi-million d'hindous fanatiques ont convergé vers la ville pour détruire la Babri Masjid, ce qui a entraîné des affrontements sanglants. Le gouvernement a assisté à ce déchaînement de violence sans réagir. Le cycle de la violence religieuse entre hindous et musulmans s'est enclenché, et des émeutes orchestrées dans tout le pays ont provoqué la mort de milliers d'Indiens innocents.

En janvier 2002, des activistes hindous ont commencé à arriver sur les lieux par bus et par trains entiers pour entreprendre la construction du temple malgré l'interdiction de la Cour suprême. Des fanatiques musulmans ont immobilisé et incendié un train à la gare de Godhra. Une soixantaine d'hindous, dont des femmes et des enfants, ont été brûlés vifs. Bien sûr, les militants extrémistes hindous n'ont pas tardé à se venger, et la spirale de la violence a repris.

Au Gujerat, un État du nord-ouest de l'Inde gouverné par le BJP, des milliers de musulmans qui n'avaient rien à voir avec l'incendie criminel du train ont été égorgés. Les fanatiques hindous ont violé et tué des femmes musulmanes et découpé le ventre de celles qui étaient enceintes avant de brûler leurs fœtus sous l'œil des autorités.

Les massacres ont continué pendant des semaines dans cet État. Des musulmans ont commencé à fuir. Mais où voulez-vous aller quand vous êtes pourchassé par votre propre voisin ? Sous la pression grandissante des médias et des critiques internationales, l'ordre a finalement été rétabli. Mais les parents des victimes continuent de demander réparation.

Même si les musulmans sont minoritaires en Inde, ils représentent quelque 160 millions de personnes, soit la population musulmane la plus importante du monde après l'Indonésie. Quant aux hindous, ils sont environ 800 millions, en grande majorité progressistes, respectueux des lois et pacifiques. Mais les extrémistes hindous qui propagent la haine se prennent pour des martyrs. S'ils accèdent au pouvoir, ils affirment qu'ils corrigeront l'histoire pour se venger des envahisseurs musulmans. Ils veulent même détruire le Taj Mahal, l'une des Sept Merveilles du monde, sous prétexte qu'il a été édifié sur le site d'un temple hindou ! Tout ce qu'ils veulent, en réalité, c'est convaincre la population hindoue de voter pour eux. Et ils prétendent que le parti du Congrès se montre indulgent envers les musulmans pour obtenir les voix de ces derniers.

Les hindous pacifiques ne s'y laissent pas prendre, même si certains d'entre eux risquent de se laisser séduire par les démagogues. L'ère des coalitions politiques est en marche, et les responsables politiques en profitent pour mobiliser en leur faveur tel ou tel réservoir de voix.

Dans certains États dirigés par le BJP, même les chrétiens ne sont pas épargnés. Comme ils forment une très faible minorité, ce sont des cibles faciles. Au cours de ces dernières années, des incidents sporadiques ont eu lieu. Des missionnaires chrétiens ont été brûlés vifs avec leurs enfants, des pasteurs ont été tués, des religieuses ont été violées et des églises pillées. Les extrémistes hindous accusent les missionnaires chrétiens de corrompre, de tromper et de convertir au christianisme les hindous pauvres des castes inférieures. Certains États sont même allés jusqu'à promulguer des lois anti-conversion, qui sont une atteinte à la liberté religieuse.

Des hindous modérés et progressistes assistent impuissants au détournement de leur noble religion par des hindous fanatiques, violents et intolérants animés par une seule idée : s'emparer du pouvoir.

Lorsque mère Teresa, la « sainte des caniveaux » d'origine albanaise, prix Nobel de la paix, défenseur des lépreux et des déshérités, a été critiquée pour avoir converti au christianisme les hindous les plus pauvres, elle a répondu en souriant : « Je fais tout pour que l'hindou devienne un meilleur hindou, le musulman un meilleur musulman, le chrétien un meilleur chrétien… si vous appelez cela convertir, alors oui, je convertis. »

Dans ce monde globalisé où la haine se répand via Internet et les téléphones mobiles, l'Inde a davantage besoin de figures telles que mère Teresa que de responsables de marques.

CHAPITRE 6

Des moudjahiddines hindous !

Il y a quelques années, je discutais avec un ami américain. Au cours de la conversation, il a lâché un mot qui continue de résonner dans ma tête. Il m'a dit : « Et qu'en est-il des moudjahiddines hindous qui vénèrent le champignon atomique en Inde ? » J'étais abasourdi.

J'ai sorti tous mes arguments pour le convaincre que les moudjahiddines hindous n'existaient pas. L'hindouisme ne finance pas de combattants de la guerre sainte. Il ne fait pas de prosélytisme. Les prêtres hindous ne lancent pas de fatwas. Chez les hindous, rien ne ressemble de près ou de loin à la charia.

Certes, mon ami a pu voir quelques extrémistes hindous célébrer les essais nucléaires en rendant un culte au champignon atomique. Ou entendre parler de quelques fanatiques hindous qui envisageaient de former des commandos-suicides pour éliminer les terroristes au Cachemire. Mais les Indiens ne les prennent pas au sérieux.

© Groupe Eyrolles

Contrairement aux moudjahiddines qui s'engagent à combattre les infidèles dans le monde entier, les extrémistes hindous s'en prennent à leur pays et à leurs compatriotes. Leurs actions restent circonscrites à l'Inde et à l'Inde seule.

Oui, quelques extrémistes hindous ont attaqué des religieuses et tué des missionnaires chrétiens, mais ils sont derrière les barreaux. L'islam est l'une des grandes religions du monde et les extrémistes islamiques, dispersés aux quatre coins du globe, éprouvent le besoin de mener un combat commun et unificateur — le djihad, en l'occurrence.

En revanche, les hindous et l'hindouisme sont répandus surtout en Inde. L'idée d'un « djihad hindou » n'a donc pas de raison d'être. L'immense diaspora indienne ignore à quoi pourrait ressembler un moudjahiddine hindou. Ses membres mènent une vie normale, celle de citoyens ordinaires.

Bien sûr, mon ami a pu voir à la télévision quelques extrémistes hindous brûler le portrait du pape mais, pour la majorité des Indiens, le pape est aussi respectable que n'importe quel chef religieux hindou.

Je lui ai dit : sais-tu que le christianisme est arrivé en Inde des années avant de conquérir l'Occident ? Sais-tu que saint Thomas, l'un des douze apôtres de Jésus, a foulé le sol indien quelques années seulement après la crucifixion du Christ, vers 40 après J.-C. ? Après avoir passé sa vie à évangéliser l'Inde, il est mort dans le sud du pays et une magnifique cathédrale se dresse aujourd'hui sur sa tombe. Sais-tu que les premiers chrétiens étaient des Indiens ou, si tu préfères, des hindous, et non des Européens ou des Américains ? Sais-tu que le christianisme en Inde remonte à mille neuf cent soixante ans ?

À la fin de notre longue discussion, mon ami était toujours aussi perplexe, et moi j'étais épuisé...

CHAPITRE 7

Apartheid à l'indienne

Selon les sociologues, le système des castes en Inde est la plus ancienne institution du monde. La société indienne est divisée en castes héréditaires. Le système des castes est unique et particulier à l'Inde. Dans les autres sociétés, les individus sont répartis selon des critères liés à leur race, leur religion ou leur classe. Mais si vous êtes indien, vous appartenez forcément à une caste et une sous-caste, sachant qu'il en existe plusieurs milliers. Le système des castes est extrêmement complexe et très difficile à comprendre, aussi bien par les étrangers que par les Indiens eux-mêmes.

Toujours est-il que le système des castes constitue le principal fléau de la société indienne. Depuis des siècles, il permet, voire justifie, les violations des droits de l'homme les plus ignobles et les plus scandaleuses. D'après les textes sacrés fondateurs de l'hindouisme, les êtres humains sont issus des différentes parties du corps de l'Homme cosmique. La caste des brahmanes (prêtres) provient de la tête de l'Homme primordial, celle des kshatriyas (guerriers) de son thorax et de ses bras, celle des vaishyas (marchands) de ses cuisses, et celle des shu-dras (serviteurs) de ses pieds. Au-dessous de ces quatre castes viennent les intouchables, appelés chandalas par les brahmanes, encore moins considérés que des ani-maux. Des couleurs sont attribuées aux différents grou-pes sociaux : le blanc aux brahmanes, le rouge aux kshatriyas, le jaune aux vaishyas, le noir aux shudras et aux intouchables.

Les shudras et les intouchables représentent la majorité de la population. Mais les castes supérieures leur interdi-saient toute ascension sociale. Jugés impurs, ils faisaient l'objet de mesures discriminatoires et de traitements inhumains. Même leur ombre était considérée comme impure et, pour éviter tout contact avec eux, on les chas-sait des villages. Le droit de propriété leur était interdit. Il leur était défendu de pénétrer dans un temple, de remonter l'eau potable des puits et d'étudier. On leur assignait des tâches subalternes — balayer, se débarrasser des animaux morts et ramasser les excréments des castes supérieures.

Des pratiques aussi inhumaines figuraient dans les anciens textes sacrés hindous et ont été suivies à la lettre pendant des milliers d'années.

Aujourd'hui, cette structure sociale basée sur l'exploita-tion des shudras et des intouchables continue d'exister. De grands réformateurs de la société ont pourtant essayé de supprimer cet « apartheid à l'indienne ».

À commencer par Bouddha. Il fut un temps où le boudd-hisme, qui considère que tous les hommes sont égaux, n'a cessé de gagner du terrain en Inde. Mais au fil des siècles, cette religion a pris une ampleur telle que des dif-férences sont apparues.

Vers le VIIe siècle, le bouddhisme a connu un déclin sur le sous-continent et le système des castes cher à l'hindouisme est réapparu. Des envahisseurs musulmans ont commencé à mener des incursions dans le pays à partir du Xe siècle. Et l'Inde est restée musulmane jusqu'au XVIIe siècle. Sont arrivés ensuite les Européens et, avec eux, les missionnaires chrétiens. De retour dans leur pays, de nombreux intellectuels indiens partis étudier aux États-Unis et au Royaume-Uni ont lancé des mouvements populaires hostiles aux occupants britanniques. Parallèlement, ils ont tenté de réformer la société indienne et de la libérer du carcan du système des castes.

Le Mahatma Gandhi et le Dr B.R. Ambedkar, un avocat intouchable, ont été les principaux réformateurs sociaux et tenté de sensibiliser l'opinion à la situation désespérée des shudras et des intouchables. Pour montrer l'exemple, Gandhi avait l'habitude d'accomplir lui-même des tâches réservées aux intouchables, dont celle de nettoyer les latrines. Il appelait les intouchables les *harijans* ou « enfants de dieu ».

L'Inde est devenue indépendante en 1947 et, le 26 janvier 1950, elle a adopté une Constitution démocratique et laïque selon laquelle tous les hommes sont reconnus égaux. Mais l'intouchabilité et les discriminations liées aux castes ont perduré. Aucune réforme de la société indienne n'était possible puisque les textes sacrés hindous sacralisaient l'exploitation de l'homme par l'homme et légitimaient la supériorité de certains en vertu de leur naissance.

L'avènement de la démocratie s'est accompagné d'un réveil de la société indienne. Avec le slogan « *one man, one vote* » (« un homme, un vote »), les shudras et les intouchables se sont mis à affirmer leurs droits. En 1955, l'intouchabilité a été abolie par la loi. Mais comment une loi humaine peut-elle changer la mentalité d'un peuple conditionnée pendant plus de cinq mille ans par le système des castes ?

Le Dr B.R. Ambedkar, père de la Constitution indienne, a réussi à y inclure des clauses visant à introduire davantage d'égalité et de justice sociale au sein de la société indienne (une politique de quotas ou de discrimination positive). Si les castes inférieures et les intouchables ont accès à l'éducation et au monde du travail, ils risqueront moins d'être exploités par les castes supérieures. L'instruction et l'indépendance financière leur permettront de gagner le respect d'eux-mêmes. De nobles intentions, mais une tâche titanesque : celle de transformer radicalement la société. Concrètement, quels quotas fallait-il établir pour permettre aux castes inférieures et aux intouchables de faire partie intégrante de la société ?

Plus de 80 % de la population indienne est constituée de castes inférieures. Les partis politiques qui se sont succédé ont politisé le système des quotas pour obtenir les voix de ce formidable potentiel d'électeurs. Des castes supplémentaires dites « socialement et culturellement arriérées » ont été ajoutées à la liste des castes bénéficiant déjà de quotas réservés, à savoir les intouchables, les basses castes et les tribaux (officiellement dénommés « castes et tribus répertoriées »).

L'Inde a assisté à l'émergence de nouveaux partis politiques et d'alliances électorales espérant bénéficier de réservoirs de voix supplémentaires en promettant davantage de places dans les universités et d'emplois réservés aux castes arriérées, aux basses castes, aux intouchables et aux tribaux.

Ces mesures de discrimination positive ont mécontenté les hindous des hautes castes qui voyaient là l'abandon de la notion de mérite. Les individus des castes supérieures perdaient leurs emplois et leurs enfants n'obtenaient plus de places à l'université. Ils affirmaient que ces mesures étaient injustes et discriminatoires à l'égard des hautes castes, qu'elles allaient former des médecins, des ingénieurs et des chefs d'entreprise incompétents et compromettre l'avenir de l'Inde au sein de la mondialisation.

En 1990, le Premier ministre de l'époque, V.P. Singh, a décidé de réserver 27 % des emplois fonctionnaires aux classes inférieures. Les hautes castes ont protesté violemment et quelques jeunes appartenant à ces castes se sont même immolés par le feu en public. En 2006, le gouvernement a décidé d'augmenter le nombre des places réservées aux étudiants des castes inférieures dans les écoles de médecine et d'autres établissements d'enseignement supérieur. Naturellement, les protestations violentes des castes supérieures ne se sont pas fait attendre.

Dans le sud de l'Inde, les quotas réservés aux castes inférieures et aux « castes et tribus répertoriées » varient entre 49 et 70 %. Pourtant, les manifestations d'hostilité au système des « réservations » n'existent pas. Les individus des hautes castes qui prétendent que l'on sacrifie le mérite ont tort, car les États du sud de l'Inde ne forment pas de médecins, d'ingénieurs ou de chefs d'entreprise incompétents. Bangalore, la Silicon Valley indienne, est située dans le Sud. En fait, c'est essentiellement dans le nord du pays que le système des avantages réservés suscite la violence.

© Groupe Eyrolles

Contrairement à l'Inde centrale et à certains États du Nord, le sud de l'Inde est pacifique, enregistre un bon niveau de développement et affiche un taux d'alphabétisation élevé. Le boom technologique qui a propulsé l'Inde sur le devant de la scène internationale est parti de l'Inde du Sud.

Certains affirment que le problème est simplement lié à l'offre et à la demande. Si le nombre d'étudiants augmente, il n'y aura pas assez d'universités. Si le nombre de demandeurs d'emploi progresse, il n'y aura pas assez d'emplois. Pour rétablir l'équilibre, le gouvernement n'a qu'à créer davantage d'établissements d'enseignement supérieur et tout le monde sera content. Mais cela équivaudrait à accroître les capacités existantes de près de 60 % ! Comment financer les bâtiments et les salaires ? Personne n'en a la moindre idée.

D'autres avancent que le gouvernement devrait concentrer ses efforts sur l'enseignement primaire et secondaire, la base de l'éducation, au lieu de porter toute son attention sur l'accès à l'enseignement supérieur des castes défavorisées. Ils soutiennent également que le taux d'abandon des études supérieures au sein des castes inférieures est élevé et que la plupart des places dans les grandes écoles et les universités restent vacantes en raison du nombre insuffisant d'étudiants admissibles appartenant à ces castes.

Récemment, le gouvernement a suggéré que les entreprises du secteur privé feraient bien, elles aussi, de faire bénéficier les castes inférieures de quotas d'emplois réservés. Le secteur privé reconnaît, en effet, qu'il s'agit là d'une responsabilité collective, mais que l'intégration des castes inférieures est une mission qui revient princi-

palement aux autorités publiques. À vrai dire, les entreprises privées voient plutôt cela d'un mauvais œil, car,
dans le domaine du business, seul le mérite compte. Elles
craignent que l'Inde perde son avantage concurrentiel à
l'heure de la mondialisation. Et si le gouvernement pro-
mulgue une loi rendant obligatoire les emplois réservés
dans le secteur privé, sa décision ferait l'effet d'une
bombe.

Qui a raison et qui a tort ? Ne va-t-on pas trop loin dans
les quotas réservés ? En tant que politique de restructura-
tion sociale, le système des quotas ne contribue-il pas à
perpétuer le système des castes ? Les étudiants admis
dans les universités par le biais de ces quotas réservés
deviennent-ils de mauvais médecins, de mauvais ingénieurs et de mauvais chefs d'entreprise ? Doit-on obtenir
un emploi ou une place à l'université parce qu'on le
mérite ou pour réparer des siècles d'oppression des castes
inférieures et des hors-castes ? Ces problèmes divisent
l'Inde et continueront de la diviser dans les années à
venir.

CHAPITRE 8

Un million
de Robins des bois

Une terrible révolution couve loin des centres commerciaux et des parcs technologiques : l'activisme naxalite. Les naxalites luttent en faveur d'une société sans castes et sans classes. Leur combat est né à Naxalbari, une région tribale du Bengale occidental, à la fin des années 1960, et le mouvement naxalite s'est répandu progressivement dans d'autres régions.

Selon les autorités, les naxalites contrôlent actuellement près de 30 % de l'Inde et envisagent de contrôler 60 % du pays d'ici quatre ans.

Ils collectent les impôts, contrôlent l'administration, mettent en place des programmes d'irrigation à petite échelle, dirigent la justice, le système scolaire, et propagent leurs idées nobles — égalité, justice sociale, abolition de la féodalité (autrement dit, liquidation des grands propriétaires terriens), suppression du système des castes.

En Inde, ces justiciers de la société sont également appelés maoïstes, marxistes-léninistes, extrémistes, guérilleros du mouvement populaire, membres du front de libération des paysans, etc.

Ils capturent et tuent les propriétaires terriens et les usuriers « injustes », et redistribuent les richesses aux pauvres. Ils ont le soutien et la sympathie de la population locale — paysans démunis, tribus laissées pour compte, jeunes au chômage.

Ce mouvement de révolte populaire est né en réaction à des siècles d'exploitation des castes inférieures et des hors-castes, de sous-développement, d'indifférence du gouvernement, de corruption politique, d'atrocités policières et de pauvreté extrême.

L'Inde reste rurale à 70 %, et les régions les plus reculées du pays demeurent les grandes oubliées du progrès. Absence d'écoles primaires, de services de santé, d'eau potable, d'électricité. Bref, la misère noire. Les classes aisées et moyennes de l'Inde urbaine préfèrent ignorer leurs compatriotes les plus pauvres.

Du Népal, au nord, à l'Andhra Pradesh, au sud, les naxalites sont organisés en vastes réseaux d'une efficacité redoutable. Ils utilisent des explosifs rudimentaires, des mines terrestres de fabrication artisanale et des fusils qu'ils se procurent en prenant d'assaut les commissariats de police. Aujourd'hui, ils possèdent même des kalachnikovs. Ils organisent des raids dans les prisons et tuent les gardiens pour libérer leurs compagnons d'arme. Ils ont à leur tête des leaders charismatiques, des hommes et des femmes instruits qui ont grandi en lisant Mao, Karl Marx, et en écoutant Radio-Pékin.

Selon le gouvernement central, les naxalites contrôlent 160 des 602 districts et 9 États sur 28. Autrement dit, plus du quart de l'Inde. Au cours de ces quatre dernières années, les naxalites ont mené en moyenne 1 500 attaques par an. Chaque année, cette violence fait plusieurs centaines de victimes, aussi bien parmi les policiers et les civils que les naxalites eux-mêmes.

La déforestation est allée bon train ces dernières années. Les industriels n'ont pas hésité à déplacer les populations locales dont la survie dépend largement des ressources de la forêt. Les naxalites ont défendu la cause de ces tribus pauvres en s'opposant aux grandes entreprises et aux investisseurs étrangers. Les tribus aborigènes se sont parfois battues avec leurs arcs et leurs flèches contre les forces de police.

La plupart des États infiltrés par les naxalites n'ont pas de plan d'action efficace pour les combattre. La police locale est découragée. Le gouvernement central n'a (heureusement) pas envoyé l'armée sur place malgré les nombreuses requêtes des États. À vrai dire, les autorités locales ont peur des naxalites, ce qui renforce la confiance de ces derniers : contrôler 60 % de l'Inde d'ici 2010 leur paraît un objectif tout à fait réalisable.

Comment le cycle de la violence s'arrêtera-t-il ? Le gouvernement pourrait parfaitement mobiliser l'armée indienne pour décimer les naxalites, mais cela risquerait de faire couler encore davantage de sang et de provoquer encore davantage de destructions. La seule solution pacifique serait d'introduire des réformes agraires, d'améliorer la vie matérielle des populations rurales en construisant des routes, des écoles primaires et des hôpitaux et en leur donnant accès à l'électricité, à l'eau potable et à l'emploi et, surtout, de faire évoluer les esprits — et les cœurs. Il est temps de mener des réformes à visage humain.

Certains États se sont dotés de forces spécialement entraînées pour réprimer les guérillas et sont allés jusqu'à obliger les tribus locales à se joindre à la lutte contre les naxalites. Jusqu'alors spectatrices, ces tribus se retrouvent guerrières. Si elles refusent, les autorités les harcèlent et les accusent d'aider les naxalites. Si elles aident les autorités, elles risquent des représailles de la part des naxalites. Une situation bien inconfortable. On les arme de force, alors qu'elles ont toujours été pacifiques et heureuses de vivre au contact de la nature. La violence gratuite fait rage pendant que les responsables politiques sont occupés à essayer de décrocher de gros contrats commerciaux.

CHAPITRE 9

C'est la saison des mariages : achetez un mari et brûlez la mariée...

Il y a quelques années, le monde a assisté au mariage somptueux (c'est-à-dire de plusieurs millions de dollars) de la fille du magnat de l'acier d'origine indienne en France. L'événement a fait l'objet d'une immense couverture médiatique et donné l'occasion à ceux qui n'ont jamais assisté à un mariage à l'indienne de découvrir ce « phénomène ».

En février 2004, les Indiens ont assisté au double mariage de deux frères le plus fastueux du pays. La célébration du mariage des deux fils du baron de la finance indien a duré une semaine entière. Tout l'establishment politique et les plus grands artistes bollywoodiens étaient présents.

Pour les plus riches comme pour les plus pauvres, le mariage est le seul événement qui compte vraiment dans la vie.

Mariages arrangés, mariages d'amour, mariages d'amour et arrangés à la fois, mariages de masse, mariages forcés : tous les mariages possibles et imaginables existent en Inde.

Mais les mariages sont les plus nombreux à une époque précise de l'année appelée, à juste titre, la saison des mariages. Les Indiens sont prêts à dépenser des fortunes pour célébrer cet événement unique. S'ils économisent, c'est uniquement pour se ruiner à cette occasion. Inutile de préciser que les dépenses publicitaires des marques explosent au cours de la saison des mariages.

Les grands distributeurs et les petits commerces augmentent leurs stocks de tissus, de vêtements, de produits électroménagers, de linge de maison, de bijoux, etc. En Inde, la saison des mariages pèse plusieurs milliards de dollars, ce qui fait d'elle une véritable industrie, comme le soulignent les médias et les spécialistes du marketing. Certaines marques réalisent 50 à 80 % de leur chiffre d'affaires rien qu'à cette période de l'année, les autres grandes fêtes hindoues comme divali et puja représentant les 20 à 50 % restants.

Les astrologues jouent un rôle majeur dans ce business en décidant des jours les plus favorables. C'est pourquoi il arrive que des centaines de milliers de mariages soient célébrés le même jour. Une configuration planétaire bénéfique peut, à elle seule, être à l'origine de millions de jeunes mariés et de la liesse collective qui accompagne les mariages ! Il n'est pas rare d'être invité à assister à plus d'une douzaine de mariages le même jour.

Des calendriers rédigés dans différentes langues sont imprimés à l'avance pour informer la population des mois, des jours, des heures, des minutes et même des secondes les plus favorables ! Ces calendriers constituent l'outil essentiel des spécialistes du marketing. Que vous ayez étudié à Harvard ou à Stanford, sans ces calendriers, vous ne pouvez tout simplement pas atteindre vos objectifs de vente !

De nombreuses entreprises florissantes se spécialisent dans l'organisation de rencontres matrimoniales dans des hôtels de luxe de grandes métropoles indiennes et étrangères. Certains de ces « forums » sont organisés uniquement pour des personnes d'une même caste — endogamie oblige. Les promoteurs immobiliers construisent en toute hâte des « hypermarchés du mariage » — des endroits où l'on trouve tous les produits et accessoires indispensables à la célébration d'un mariage et où l'on peut se marier en grande pompe. La plupart de ces centres sont réservés des mois à l'avance.

Les individus d'origine indienne qui vivent à l'étranger reviennent dans leur pays le temps de se marier et repartent au bras de leur nouvel(le) époux(se) dans leur pays d'adoption où ils n'avaient pas pu trouver leur bonheur.

Si vous ouvrez l'édition du dimanche de n'importe quel journal indien, vous tomberez sur un supplément plutôt volumineux : celui des annonces matrimoniales. En tant qu'étranger, si vous souhaitez mieux comprendre la culture indienne, ce supplément est l'outil qu'il vous faut ! Il contient des annonces passées par des Indiens et des « personnes d'origine indienne », qui expriment leurs préférences selon les critères les plus variés — religion, caste, sous-caste, sous-sous-caste, région, langue, situation financière, âge, horoscope, date de célébration prévue, secte, sous-secte, etc. Les annonces matrimoniales des suppléments du dimanche sont un modèle réduit de l'Inde.

Sur le sous-continent, les agences matrimoniales classiques ou virtuelles représentent un secteur florissant de plusieurs millions de dollars. Des petites agences spécialisées, dont les critères de recherche se limitent aux castes et aux sous-castes, aux nombreux sites en ligne sur lesquels sont inscrits des millions d'Indiens à la recherche de l'âme sœur.

Dans le domaine du mariage, l'une des pratiques indiennes traditionnelles les plus honteuses est celle de la dot — la somme d'argent versée par les parents de la future épouse aux parents du futur époux. Autrement dit, la jeune fille s'achète un mari. Cette coutume ruineuse, pourtant interdite depuis 1960, n'est pas pratiquée pour tous les mariages, mais intervient dans la plupart, en argent ou en nature. Les parents du futur marié n'hésitent pas à demander, en plus de la somme d'argent, une voiture, un réfrigérateur, une télévision, des lits, des bijoux, un scooter, etc. Cette tradition ancestrale exerce une pression financière énorme sur les parents de la jeune fille. S'ils sont pauvres, ils empruntent et passent leur vie à rembourser leurs dettes.

Imaginez un instant la situation d'une famille de la classe moyenne qui possède plusieurs filles. Si les parents ne règlent pas la dot, le mariage est annulé et la famille de la jeune fille déshonorée. Et si je vous dis qu'en Inde le déshonneur est pire que la mort, vous mesurez l'ampleur de la pression supportée par cette famille.

Il arrive parfois que, même après le mariage, la famille du marié continue de harceler la famille de la mariée. Et si cette dernière ne satisfait pas tous les caprices du moment de la belle-famille, la jeune fille, devenue épouse et belle-fille, est tuée, généralement brûlée, par sa belle famille ou poussée au suicide. L'époux veuf peut alors se remarier et

exiger une autre dot. Ces traditions criminelles sont appe-
lées « *dowry deaths* » ou « morts pour cause de dot ». Chaque année, des milliers de femmes sont tuées en Inde,
victimes de la cupidité des belles-familles. Exiger ou verser
une dot est puni par la loi, mais la tradition perdure.

On recense de rares cas de belles-filles courageuses qui
ne cèdent pas à ce chantage. Elles demandent l'aide de la
police et quittent leur mari.

Comme de nombreux fléaux sociaux, la pratique de la
dot ne pourra disparaître que si les jeunes filles font des
études et accèdent à l'indépendance financière. Pour
l'instant, de jeunes mariées sont brûlées parce qu'elles
n'ont pas les moyens de se payer leur époux.

Tous les mariages ne sont pas consensuels. Des milliers de
jeunes filles pauvres des zones rurales sont mariées de
force à des hommes deux ou trois fois plus âgés qu'elles.
Elles sont généralement vendues — une cinquantaine de
dollars seulement — à des hommes habitant des États
riches où le nombre de femmes est insuffisant. Certains
États du nord de l'Inde manquent cruellement de femmes
à cause des nombreux fœticides et infanticides féminins.
Les hommes font alors appel à des intermédiaires qui écu-
ment les villages des États voisins à la recherche de familles
pauvres possédant des jeunes filles et prêtes à les vendre.

Ces jeunes villageoises vendues à des hommes soi-disant
en quête d'une épouse se retrouvent souvent prostituées
ou ouvrières agricoles. Elles sont parfois revendues à
d'autres hommes. La dénonciation par les médias de jeunes filles pauvres vendues aux enchères a scandalisé et
culpabilisé l'opinion publique. Dans certains États, le
trafic des femmes est un business très lucratif... et tout
cela au nom du mariage.

Certains États organisent des mariages massifs d'enfants à certaines périodes de l'année. Des petites filles âgées de quatre à six ans sont mariées à des hommes, alors que le mariage d'enfants est interdit depuis la période coloniale.

Des centaines de fillettes sont mariées lors de cérémonies publiques qui attirent les foules — une violation pure et simple de la loi interdisant le mariage des femmes de moins de 18 ans et des hommes de moins de 21 ans. Mais dans les États où les pratiques archaïques perdurent, les traditions et les coutumes sont plus importantes que la loi.

Des petites filles à l'allure de poupées, portant des vêtements colorés, totalement hébétées et désorientées, sont mariées à des hommes plus âgés. En pleurs, elles sont emportées par leur mari comme une marchandise. Elles travaillent dur dans leur nouveau foyer et, dès qu'elles atteignent l'âge de la puberté, généralement vers 13 ans, doivent devenir mères. Leur vie est écrite d'avance : porter des enfants et les élever. Leur petit corps, qui n'est pas encore complètement développé, n'est pas prêt pour les relations sexuelles et la maternité. Mais elles n'ont pas le choix. Rien d'étonnant à ce qu'en Inde, près de 500 000 mères aient moins de 15 ans. Et il n'est pas rare que ces mineures en soient à leur deuxième enfant !

Les grossesses répétées, forcées, et les fausses couches de mineures expliquent pourquoi l'Inde affiche l'un des taux de mortalité maternelle et infantile les plus élevés du monde. Beaucoup de ces jeunes filles meurent avec leur bébé lors de leur premier accouchement. Ces pratiques ancestrales et obscurantistes ne sont pas seulement terribles pour les jeunes filles, mais contre-nature. Non seulement on leur vole leur enfance, mais on les oblige à devenir mères. Comment une jeune fille de 14 ans peut-elle assumer un rôle de mère ? Comment ?

CHAPITRE 10

L'économie au noir, mais avec la peau blanche

En Inde, le noir n'est pas considéré comme une couleur bénéfique. Pourtant il existe une économie parallèle particulièrement florissante, l'économie souterraine ou « au noir », et dont la monnaie est l'argent au noir, que l'on appelle aussi « n° 2 » !

L'argent de l'économie souterraine, dont le travail au noir fait partie, échappe au fisc et ne figure pas dans la comptabilité nationale. Certes, tous les pays ont leur économie souterraine, mais l'économie immergée indienne équivaut à la partie immergée de l'iceberg ! Personne ne peut l'estimer avec précision. Elle représenterait entre 50 et 200 % du PIB — les chiffres variant selon les économistes et les rapports. Impressionnant, non ?

Cette économie fausse totalement le calcul du PIB indien. Si le PIB officiel de l'Inde s'élève, disons, à 1 000 milliards de dollars, le « vrai » PIB, économie immergée incluse, représenterait entre 1 500 et

3 000 milliards de dollars ! Un potentiel économique caché ? Peut-être, mais un cauchemar pour les décideurs.

Fraude fiscale, blanchiment d'argent, corruption — tout est lié. Dans ce dernier domaine, l'indice de perception de la corruption classe l'Inde au même niveau que les dictatures africaines, c'est dire si la transparence n'y règne pas ! Qu'il s'agisse d'obtenir une place à l'école pour son enfant ou un gros contrat dans le secteur de la défense, l'Inde est rongée par la corruption.

Les chefs d'entreprise nouvellement arrivés sur le sol indien mettent un certain temps à comprendre le fonctionnement de l'économie souterraine et le jugent parfois trop compliqué. Ils vont même jusqu'à accuser les entreprises rivales de concurrence déloyale ! Mais que ceux qui trouvent la situation intenable s'en aillent !

Ce rapport ambivalent à la couleur noire s'étend à la couleur de la peau. Pour d'étranges raisons, les Indiens préfèrent les teints clairs. Dans toutes les annonces matrimoniales, les hommes recherchent une future mariée à la peau claire, et les jeunes filles mentionnent fièrement posséder une peau claire. Cette obsession de la blancheur a engendré un marché de plusieurs millions de dollars pour les crèmes et les savons censés blanchir la peau. Une multitude de produits aux noms attrayants tels que « Fair & Lovely », « Fair Ever », « Fairy », etc., promettent d'éclaircir les peaux sombres et de les transformer en peaux blanches en quelques semaines. Des marques que les multinationales et les fabricants locaux vous vantent dans des spots publicitaires diffusés à des heures de grande écoute.

Les publicités pour ces produits mettent en scène des jeunes filles à la peau sombre incapables de trouver un mari, un petit ami ou un travail — jusqu'à ce qu'elles essaient la fameuse crème et se transforment alors en charmantes demoiselles au teint de porcelaine qui obtiennent tout ce qu'elles veulent : un mari, un petit ami ou un emploi prestigieux.

Des organisations féministes s'opposent vigoureusement à ces publicités défavorables aux femmes indiennes à la peau sombre. Mais les publicitaires font la sourde oreille.

Une crème éclaircissante pour hommes vient d'être commercialisée. Certaines études avaient effectivement montré qu'une partie non négligeable des utilisateurs des crèmes éclaircissantes normalement destinées à la gent féminine était des hommes...

Actuellement, le cinéma indien emploie comme figurantes des jeunes femmes blanches à la plastique parfaite pour répondre au culte actuel de la blancheur. On voit ces jeunes femmes danser à l'arrière-plan, généralement dans une tenue provocante. Ce sont principalement des touristes, des étudiantes ou des filles pauvres des anciens pays de l'Est qui rêvent de gagner leur vie dans l'industrie cinématographique indienne surnommée Bollywood, la première du monde devant Hollywood. Quelques-unes sont devenues célèbres en Inde, mais la plupart vivent de petits boulots. Grâce au cinéma, certaines gagnent de l'argent facile en exhibant leur physique de rêve et en multipliant les déhanchements plus que suggestifs (cela s'appelle, paraît-il, des pas de danse).

La majorité des Indiens sont conservateurs et pudibonds. Il n'empêche qu'il existe bel et bien un énorme marché de la peau blanche — et sexy de préférence.

Les marques d'alcool pour lesquelles toute publicité est interdite organisent des séances de dégustation à l'intention des Indiens. Avec, bien sûr, en prime, des jeunes femmes étrangères en bikini ou tenue sexy embauchées pour servir à boire aux invités et les divertir. De riches Indiens font appel à de belles jeunes femmes blanches très dénudées pour animer leurs anniversaires ou leurs mariages. Question de prestige.

Il existe des agences spécialisées chargées de recruter uniquement des étrangères à la silhouette parfaite et à la peau blanche pour des films et des soirées privées. Naturellement, elles louent très cher leurs services.

Il est intéressant de noter que, pour promouvoir des articles de lingerie, tous les publicitaires indiens recourent à des mannequins répondant à ces critères, même si les produits sont destinés aux femmes indiennes à la peau brune ! Ça fait plus chic…

Vous voyez une blonde sexy croquer un fruit dans une publicité pour des préservatifs parfumés aux fruits. Pourquoi des mannequins indiennes ne posent-elles pas pour de la lingerie ? Après tout, elles sont aussi belles que les autres, si ce n'est plus.

Dans les petites annonces, vous tombez parfois sur une ou deux annonces pour une fécondation *in vitro*. Et vous lisez inévitablement : « Recherche ovules pour une femme à la peau claire / provenant d'une femme à la peau claire. » Alors vous comprenez que la discrimination à l'égard des gens de couleur bat son plein.

Avec l'arrivée de Fashion TV, une chaîne télévisée qui diffuse en permanence des extraits de défilés de mode, la peau blanche et nue entre directement dans la chambre… au nom de la mode. Les défilés de lingerie sont très chauds : de superbes modèles défilent en montrant leurs bouts de sein et leurs fesses, et leur string cache à peine leur sexe. D'accord, c'est de la haute couture, mais essayez d'expliquer cela à une nation sexuellement frustrée. Et les gros plans contribuent à émoustiller encore davantage les téléspectateurs. D'ailleurs, les hommes ont surnommé Fashion TV « *Nipple TV* », ce que l'on pourrait traduire par « la chaîne des nichons » !

L'image de la femme blanche assimilée à une femme facile, toujours prête à se déshabiller, est relayée par les médias. L'Inde est une société répressive en matière de sexualité. Comment est-il possible que la sexualité soit taboue dans une culture qui a donné au monde le Kamasutra ? Tant que c'est une femme blanche qui fait des trucs cochons, ça passe. Pour une femme indienne, c'est hors de question.

Appelez cela l'héritage colonial si vous voulez, mais l'obsession des Indiens pour la peau blanche les rend futiles, accros à la mode, ridicules, voire racistes, tout dépend de votre point de vue et de la personne que vous avez en face de vous.

CHAPITRE 11

Infanticide féminin, mode d'emploi

Ouvrez la bouche de la petite fille qui vient de naître et remplissez-la d'une poignée de pesticide, de sel noir ou de boue. Refermez-la et maintenez-la fermée jusqu'à ce que le nouveau-né meure par suffocation.

Ou placez le bébé fille sur vos genoux, face à vous, et penchez-le en arrière jusqu'à ce que sa colonne vertébrale craque comme un bout de bois sec.

Autre solution : prenez une corde ou un ruban en nylon, passez-le autour du cou de l'indésirable, laissez pendre le corps, puis balancez-le jusqu'à ce que le cou se rompe.

Si vous aimez les rituels, prenez un seau de lait et noyez la petite fille en lui plongeant la tête dans le seau jusqu'à ce qu'elle s'arrête de respirer.

Des infanticides féminins aussi atroces, voire plus insoutenables encore, pratiqués dans les villages sont régulièrement relatés dans les médias. Dans les zones urbaines, les couples aisés tuent les filles non désirées avant la naissance par avortement sélectif. Les utérus maternels sont devenus les tombes de millions de fœtus féminins.

En 2005, 23 000 filles sont nées au Danemark pendant que 23 000 autres étaient tuées rien qu'à New Delhi ! Selon les experts, ce sont près de 500 000 avortements de fœtus féminins qui sont commis chaque année en Inde. Dans ce pays, déterminer le sexe d'un enfant avant sa naissance est un crime. Mais les technologies censées surveiller le développement du fœtus sont utilisées pour déterminer son sexe et provoquer un avortement si c'est une fille. Les coupables ne sont pas les échographies et les autres méthodes de diagnostic prénatal, mais les adeptes des avortements sélectifs.

La détermination du sexe pendant la grossesse et les avortements sélectifs représentent un marché de plusieurs millions de dollars en Inde. Pourquoi une industrie aussi prospère ? Parce que les couples indiens préfèrent avoir un garçon. Dans les zones rurales, des sages-femmes ignorantes tuent les filles qui viennent de naître pour moins d'un dollar. Dans les villes, les couples des milieux aisés et des classes moyennes offrent quelques milliers de roupies aux radiologues et aux médecins pour se faire avorter.

Riches ou pauvres, citadins ou ruraux, instruits ou incultes, tous veulent un garçon. On célèbre toujours la naissance d'un héritier mâle, jamais celle d'une fille.

La survalorisation des garçons existe depuis des temps immémoriaux. Les facteurs sociaux et culturels à l'origine de cette préférence n'ont pas changé. La fille est considérée comme une charge financière ; non seulement elle ne rapporte pas d'argent à la famille, mais elle lui en coûte, et beaucoup, car les parents doivent débourser une énorme somme d'argent (la dot) pour lui acheter un mari. À cela s'ajoutent d'autres raisons toutes aussi infondées.

On peut comprendre le désespoir des villageois les plus pauvres, mais comment justifier les crimes des citadins riches et instruits ? Comment peuvent-ils seulement songer à avorter si l'enfant est une fille ?

Des études ont montré que le fœticide féminin était même davantage pratiqué par les classes moyennes instruites vivant en milieu urbain. D'après des études menées dans des États riches tels le Pendjab, le Gujerat, le Maharashtra, l'Haryana et dans le territoire de Delhi, le nombre des naissances féminines a enregistré un déclin aussi spectaculaire qu'alarmant. Si les avortements sélectifs continuent à ce rythme-là, l'Inde sera confrontée à une grave pénurie de filles. Des lois ont été mises en place pour stopper ces meurtres de masse. Mais elles ne sont guère appliquées. Comment une loi pourrait-elle changer la mentalité d'individus qui refusent tout simplement d'avoir des filles ?

Les médecins ne sont pas autorisés à divulguer le sexe du fœtus, mais ils ont développé un langage codé. Le déséquilibre démographique en faveur des naissances masculines continue de s'accroître avec la commercialisation de toute une panoplie de tests bon marché et peu encombrants permettant de déterminer le sexe de l'enfant. Pendant ce temps-là, les filles n'arrêtent pas de mourir, la plupart même avant de naître.

CHAPITRE 12

Où est passée
ma maison ?

« C'était comme si 425 bombes atomiques avaient explosé dans les entrailles de la terre, chacune avec une puissance comparable à celle de la bombe lancée sur Hiroshima en 1945. » Telle est la description donnée par un grand magazine d'information du séisme d'une amplitude de 8 sur l'échelle de Richter qui a frappé le Gujerat en janvier 2001.

Une grande partie de l'Inde est située dans une zone à forte sismicité. Au cours des quinze dernières années, le pays a connu six séismes d'une gravité telle que le nombre de victimes et l'ampleur des destructions n'ont pas pu être évalués. Les experts prévoient beaucoup d'autres séismes aussi ravageurs capables de frapper le sous-continent à n'importe quel moment.

Selon les sismologues, la principale cause de ces séismes est l'entrée en collision de la plaque indienne et de la plaque eurasienne il y a des millions d'années. La plaque indienne continue d'exercer une pression sur la plaque eurasienne, soulevant encore davantage la chaîne himalayenne et provoquant des lignes de faille aisément identifiables à travers le bloc continental.

Outre les tremblements de terre, il ne faut pas oublier les cyclones, les crues subites et les tsunamis responsables de la destruction de plusieurs îles de l'océan Indien et de nombreux villes et villages dans le sud de l'Inde.

Même une agglomération comme Bombay, capitale commerciale de l'Inde et en passe de devenir « le Shanghai de l'Inde », est inondée à chaque mousson, ou presque. Des millions de dollars sont perdus et des vies innocentes sacrifiées année après année en raison d'une mauvaise prévision des risques et de l'apathie des autorités. C'est toujours l'homme de la rue qui vient en aide à ses compatriotes. Et quand ce ne sont pas les forces de la nature qui se déchaînent subitement, ce sont les lubies d'un nationaliste hindou dissident et fanatique qui exhorte les jeunes hindous à former des commandos-suicides pour combattre les militants cachemiris ! Lui et ses partisans prennent régulièrement en otage la ville de Bombay en la paralysant, ce qui engendre des troubles de l'ordre public et désorganise totalement les activités des malheureux citoyens.

Selon des experts indiens et des Nations unies, près de 25 % du bloc continental indien correspondent à une zone à forte sismicité. Delhi et ses environs sont exposés à des risques sismiques très élevés ; Bombay, Calcutta et Madras à des risques élevés.

Vingt-cinq autres grandes villes et agglomérations urbaines représentant plus d'un demi-million d'habitants font partie de cette zone à forte sismicité. D'après les spécialistes, les lignes de faille forment un réseau complexe à travers tout le pays, ce qui ne permet pas de prévoir avec précision l'intensité d'un éventuel séisme ni sa localisation géographique.

Toujours est-il que dans un pays comme l'Inde, constamment exposé aux violences de la nature, on s'attendrait à ce que les autorités prennent des mesures préventives destinées à limiter l'ampleur des victimes et des destructions matérielles. Mieux vaut prévenir que guérir, n'est-ce pas ? Mais les Indiens sont fatalistes dans l'âme. Tout est écrit. On ne peut pas empêcher le destin, alors à quoi bon essayer de déjouer ses plans ?

Le marché immobilier explose. Des milliers de tours et de complexes résidentiels sortent de terre à travers tout le pays, en particulier dans les banlieues de la capitale et d'autres grandes villes. C'est comme si les architectes et les constructeurs étaient restés de grands enfants qui continuent de jouer au lego ou au meccano. Immeuble après immeuble, gratte-ciel après gratte-ciel, quartier après quartier... la ligne des toits se transforme rapidement. Partout l'on assiste à une frénésie de construction comparable à celle de l'Europe après la Seconde Guerre mondiale.

Mais si vous vous penchez de la fenêtre du 10e ou du 15e étage en prenant votre café matinal, vous voyez des femmes et des enfants déféquer à l'air libre, tout à côté des piscines et des parcs de stationnement. Non, vous n'êtes pas dans un train qui roule à travers la campagne et n'assistez pas au spectacle habituel — des villageois en train de faire leurs besoins dans la nature. Vous êtes dans un quartier réputé, à l'intérieur d'un appartement qui coûte des centaines de milliers de dollars. Que faites-vous ?

Vous détournez les yeux, comme les millions de citadins indiens des classes moyennes. Amnésie collective ou amnésie sélective ?

Les experts prédisent que plus de 85 % des constructions seront détruites en cas de séisme de forte amplitude. Autrement dit, les Indiens vivent dans des tombes. Leurs futures tombes.

Un projet de construction d'un gigantesque gratte-ciel dans la banlieue de New Delhi a été dévoilé récemment. Une tour plus grande que les tours jumelles Petronas de Kuala Lumpur, en Malaisie, et que la Burj Dubaï, aux Émirats arabes unis. Pourquoi ? Pour accroître le prestige de l'Inde sur la scène internationale. C'est oublier, volontairement ou non, les incendies qui se sont déclenchés dans des étages élevés de certaines tours et les sapeurs-pompiers qui n'avaient pas d'échelles pour y accéder. Outre ce projet de construction du plus grand gratte-ciel du monde, certains architectes envisagent de bâtir des répliques kitsch de la Tour Eiffel et des pyramides égyptiennes, comme à Las Vegas, pour attirer les touristes ! Si les Chinois en sont capables, pourquoi pas les Indiens ?

Des tours ont émergé dans les champs, au bord des cours d'eau, sur des sols meubles. Il existe des normes de construction très strictes, mais elles ne sont pas appliquées.

La ville de New Delhi est traversée par une vingtaine de lignes de faille qui s'entrecroisent sur un rayon de 300 kilomètres. La ville de Bombay également. Pourtant, ces deux mégapoles regorgent de tours. Et des centaines d'autres sont en construction.

S'agit-il de constructions parasismiques ? Avant d'acheter un appartement dans l'une de ces tours, un citoyen peut-il vérifier sa conformité aux normes en vigueur ?

Certes, le logement est un problème majeur en Inde, mais ce n'est pas parce que nous voulons loger tout le monde que nous devons mettre en jeu la vie des habitants.

Comme nous le savons tous, ce ne sont pas les séismes qui tuent, mais les constructions. Toute une génération a disparu sous les décombres provoqués par le tremblement de terre au Cachemire et au Pakistan en octobre 2005. Le séisme qui a frappé le Gujerat en janvier 2001 a décimé des villes et des villages entiers. À l'époque, le Gujerat était le deuxième État le plus développé de l'Inde. L'ironie veut que le National Institute of Design (NID), l'un des instituts de design, d'architecture et d'urbanisme les plus réputés du monde, soit situé à Ahmedabad, la principale ville de l'État. Le Gujerat fabrique près de la moitié des produits pharmaceutiques de l'Inde, produit 33 % du pétrole brut du pays, contrôle 90 % du commerce du diamant, extrait 30 % du minerai de fer, et la liste ne s'arrête pas là. Si un État aussi riche que le Gujerat n'était pas préparé à un séisme de cette ampleur, imaginez ce qui attend les États les plus pauvres !

Des milliers de personnes ont péri sous les constructions, même les plus récentes, qui s'effondraient comme des châteaux de cartes. Des centaines d'ouvriers qualifiés spécialisés dans le polissage du diamant ont été ensevelis sous les décombres parce que les gardiens ne leur ont pas ouvert les portes. En effet, les portes des ateliers sont fermées à clé pour des raisons de sécurité. Au moment du tremblement de terre, dans le sauve-qui-peut général, les gardes ont oublié les ouvriers. Hormis les pertes humaines, ce sont des commandes de plusieurs millions de dollars passées par des pays comme l'Afrique du Sud et la Belgique qui ont échappé aux Indiens au profit d'Israël en raison d'une pénurie de main-d'œuvre qualifiée. Dans certaines régions, des communautés entières d'artisans et de joailliers ont péri.

Chaque tremblement de terre nous renvoie au moins dix ans en arrière. Il faut tout rebâtir *ex nihilo*. Des routes, des ponts, des hôpitaux, des écoles, des infrastructures de télécommunications, etc. Les gens doivent reconstruire leur vie et surmonter le traumatisme de la perte des êtres chers. Sans parler des épidémies qui éclatent à cause de milliers de cadavres en décomposition.

Généralement, les coupables sont des constructeurs, des promoteurs et des politiciens cupides qui n'ont que faire de la sécurité, utilisent des matériaux de construction non conformes aux normes et violent le code de l'urbanisme.

Pourquoi ne pouvons-nous pas construire des structures parasismiques comme les Japonais ? Pourquoi les autorités ne peuvent-elles pas veiller à ce que les immeubles de grande hauteur respectent les normes de construction en vigueur et le code de l'urbanisme ? Des questions qui demeurent sans réponses pendant que les gratte-ciel continuent de pousser comme des champignons.

CHAPITRE 13

Chindia, la phobie des deux géants

La Chine et l'Inde sont devenues l'obsession du monde occidental. Une obsession à l'origine d'un nouveau vocabulaire. Alors que les dirigeants d'entreprises mondiales et les étudiants tentent de mémoriser les noms très difficiles à prononcer des villes chinoises et indiennes, les milieux intellectuels ont inventé un nouveau concept : celui de Chindia — comprenez la Chine et l'Inde — et des peurs qu'elle suscite. De là à faire remonter les origines du « Syndrome Chindia » à notre bon vieux Freud, il n'y a qu'un pas… qui ne tardera pas à être franchi !

La Chine et l'Inde : deux pays immenses dont la population combinée représente près de 2,5 milliards d'habitants. Un dragon qui crache du feu et un éléphant qui marche pesamment sans se soucier des obstacles. Ces deux pays affichent une croissance de 7, 8, 9 ou 10 % par an, tout dépend du magazine que vous lisez. Ils ont un appétit d'ogre pour les produits et les services de base, les articles de luxe et les céréales vivrières, les marques branchées et les produits de première nécessité, ainsi que pour l'acier, le ciment, les minéraux, l'eau, le pétrole et les textiles. Ces deux pays constituent le plus grand marché du monde pour les téléphones mobiles, les voitures, les vélos, les avions, les ordinateurs, les téléviseurs, les climatiseurs, les réfrigérateurs, les cosmétiques, etc. Et l'on nous dit que l'Afrique profitera, elle aussi, de la croissance fulgurante de la Chine et de l'Inde. Pour l'instant, les pays développés continuent de consommer toujours davantage.

Réfléchissez une minute. Où trouverons-nous toutes les ressources nécessaires ? Il nous faudrait au moins une demi-douzaine de nouvelles planètes pour atteindre le niveau de vie des pays occidentaux.

Les comparaisons entre la Chine et l'Inde tournent au ridicule. Il est plus long de trouver un consensus dans une démocratie comme l'Inde que dans une dictature comme la Chine, d'où la croissance plus rapide de l'empire du Milieu. La Chine possède 800 milliards de dollars de réserves de devises, l'Inde seulement 150 milliards. La Chine est alphabétisée à 80 %, l'Inde à seulement 50 %. Les classes moyennes représentent en Chine 350 millions d'individus, seulement 200 millions en Inde. La Chine compte 350 millions d'utilisateurs de téléphones mobiles, l'Inde seulement 100 millions. Les rendements agricoles à l'hectare sont plus élevés en Chine qu'en Inde. La Chine s'est dotée de missiles balistiques intercontinentaux, l'Inde en est dépourvue. La Chine a les moyens de s'offrir des centaines de Boeing et d'Airbus, l'Inde ne peut s'en payer qu'une dizaine. La Chine va accueillir les prochains jeux Olympiques, alors que l'Inde n'est qu'un candidat potentiel aux jeux de

2016. La Chine possède d'excellentes infrastructures, tandis que les routes indiennes sont défoncées. Et l'on pourrait continuer longtemps les comparaisons...

Malgré tous ses retards et handicaps par rapport à la Chine, l'Inde dépassera la population chinoise d'ici 2040. Dès 2020, l'Inde possédera une main-d'œuvre plus jeune que celle de la Chine, qui pâtira d'une population active vieillissante liée à la politique de l'enfant unique. L'Inde conservera son avantage dans le domaine des services informatiques grâce à sa large population anglophone. La Chine remportera le sprint, et l'Inde le marathon. Mais qui distribuera les médailles ?

La Chine et l'Inde sont souvent décrites comme deux puissances rivales. Mais les observateurs ont tendance à oublier que l'Inde est entourée d'États en faillite et de pays sous-développés en proie à des guerres civiles comme l'Afghanistan, le Pakistan, le Bangladesh, le Népal, la Birmanie et le Sri Lanka, qui pompent ses précieuses ressources, tandis que la Chine a énormément profité des investissements de ses voisins dont le Japon, Hongkong et Taïwan. Le seul pays capable de menacer la Chine est la Russie, mais cette dernière est trop contente de vendre son pétrole à ce dragon avide d'énergie.

Depuis le conflit sino-indien de 1962, les relations entre l'Inde et son puissant voisin du Nord ne sont pas très cordiales. Les forces militaires chinoises ont quasiment encerclé le Nord et le Nord-Est de l'Inde. Et la Chine occupe toujours une grande partie du Jammu-et-Cachemire et l'Arunachal Pradesh, un État du Nord-Est de l'Inde. Quant au Sikkim, autre État du Nord-Est de l'Inde qui partage sa frontière avec la Chine, son annexion par l'Inde en 1975 n'a été reconnue par la Chine que très récemment.

En occupant le Tibet, la Chine a supprimé cette zone tampon. Actuellement, elle est en train de relier cette région autonome au reste du continent par un réseau routier et ferroviaire. Selon les spécialistes, la Chine va continuer de développer ses liaisons routières et ferroviaires avec le Népal et le Bangladesh, non seulement pour faciliter les échanges commerciaux et exploiter les ressources, mais aussi transporter à court terme militaires et missiles. Les experts dans le domaine de la défense soulignent que de nombreux missiles à longue et moyenne portée chinois sont transportables par le rail.

La marine de guerre chinoise se développe rapidement pour être prête à mobiliser et déployer ses troupes à tout moment et en tout lieu à travers l'Extrême-Orient. Elle s'est lancée à fond dans l'achat et la construction de porte-avions et de sous-marins. Elle ne tardera pas à prendre le contrôle stratégique des mers qui entourent le sous-continent. L'Inde ne peut en aucune manière égaler la puissance de la Chine à moins de s'allier à une super-puissance. Pour l'instant, les États-Unis sont la seule superpuissance. Ils possèdent des bases navales au Japon, en Corée du Sud et aux Philippines. L'Inde mettra-t-elle ses îles à la disposition de la marine américaine pour s'opposer à la montée en puissance de la marine chinoise ?

La Chine contrôle presque totalement le Népal et le Bhoutan, ayant toujours considéré ces deux pays comme une extension du Tibet. Elle a conclu des accords militaires stratégiques avec le Bangladesh et le Pakistan. Elle soutient fortement le programme nucléaire pakistanais. Et elle s'est toujours montrée indulgente envers la junte au pouvoir en Birmanie qui apporte son soutien aux insurgés du Nord-Est indien en entraînant leurs troupes et en leur fournissant des armes.

On entend souvent dire que les Chinois font fondre les neiges de l'Himalaya et détournent les cours d'eau à leur profit. Or, les grands cours d'eau indiens sont alimentés par la fonte des neiges. Si la Chine arrive à ses fins, l'Inde se retrouvera confrontée tôt ou tard à une pénurie d'eau. Et elle sera alors obligée d'en acheter à la Chine, à laquelle elle achète déjà des jouets et des vêtements ! Le temps nous dira si ce scénario est réaliste.

Afin de couvrir leurs énormes besoins énergétiques, la Chine et l'Inde se disputent le contrôle des gisements de pétrole et de gaz du Bangladesh, de la Birmanie et même du continent africain. Comment ces deux géants vont-ils dessiner leur avenir et l'avenir du monde ? En fonction du degré de réalisme de leur vision actuelle.

CHAPITRE 14

Les bonnes clôtures
font les bons voisins

L'Inde ne représente que 2,4 % de la surface du globe, mais abrite 17 % de la population mondiale. Faut-il s'en plaindre ?

Elle possède des frontières communes avec le Pakistan et l'Afghanistan à l'ouest, le Bangladesh et la Birmanie à l'est, la Chine, le Tibet, le Bhoutan et le Népal au nord ; au sud, elle est séparée du Sri Lanka par un couloir maritime très étroit que l'on peut traverser en une demi-heure par bateau rapide.

L'Inde possède un contentieux frontalier avec le Pakistan, la Chine et le Bangladesh.

Le sous-continent indien abrite des milliers de réfugiés afghans, tibétains et bangladais. Des milliers de Népalais travaillent en Inde sans avoir besoin de visa ou de permis de travail. Des milliers de Tibétains ont fui en Inde suite à l'occupation du Tibet par la Chine. Sa sainteté le dalaï-lama vit officiellement en Inde. En fait, du nord au sud et

© Groupe Eyrolles

d'est en ouest, ce sont des milliers d'Afghans, de Tibétains, de Bangladais et de Népalais qui travaillent, étudient et tiennent des petits commerces aux côtés des Indiens dans une atmosphère pacifique. La plupart d'entre eux sont là pour échapper, ou tenter d'échapper, à la pauvreté et aux persécutions dont ils sont victimes dans leur pays natal. Ils vivent en paix et en harmonie avec les Indiens locaux. Aucune discrimination, aucune tension sociale.

Tel est l'un des aspects les plus admirables et les plus réconfortants de la société hindoue. Malgré toutes leurs pratiques sociales sévèrement jugées par d'autres sociétés, les hindous sont aimables et généreux de nature. L'hospitalité envers les étrangers est l'essence même de l'hindouisme. Vivre et laisser vivre, le monde entier est une seule famille, un hôte doit être vénéré comme un dieu : ces nobles idées sont ancrées dans chaque hindou, qu'il soit riche ou pauvre, analphabète ou instruit, de caste supérieure ou inférieure. Les hindous sont très tolérants de nature. Tandis que les pays européens qui ont colonisé le monde crient haro sur l'immigration, les Indiens n'y pensent même pas.

À l'indépendance de l'Inde en 1947, ce sont près de 600 maharajahs hindous et souverains musulmans qui gouvernaient différents États princiers. En vertu de certains traités avec la couronne d'Angleterre, ils avaient pu conserver leurs titres et leurs privilèges. Mais à partir du moment où l'Inde britannique est devenue la République indienne, ils ont été obligés de s'intégrer dans la nouvelle nation.

Le Cachemire, un État situé entre l'Inde et le Pakistan à population majoritairement musulmane, était dirigé par un maharajah hindou. À la proclamation de l'indépendance de l'Inde, ce prince n'a pas eu le choix : soit il adhérait à l'Union indienne, démocratique et à majorité hindoue, soit il rejoignait le Pakistan, à majorité musulmane. S'il ralliait le Pakistan, il serait non seulement renversé, mais capturé et tué. Et s'il ralliait l'Inde, il perdrait son trône et deviendrait un citoyen ordinaire. Un choix très difficile. Il n'avait pas encore pris sa décision quand le Pakistan attaqua le Cachemire. Le maharajah a donc adhéré à l'Union indienne.

L'armée indienne a repoussé l'attaque pakistanaise, mais le Pakistan avait déjà conquis une grande partie du Cachemire. C'est là que le problème du Cachemire a commencé. Aujourd'hui, près de soixante ans plus tard, la question du Cachemire continue de diviser l'Inde et le Pakistan. Ces deux pays sont entrés en conflit armé en 1947, 1965 et 1971 et ont évité de justesse le conflit nucléaire en 2002. Les relations entre les deux frères ennemis se réduisent à la lutte pour la possession du Cachemire.

Le Pakistan soutient les terroristes cachemiris, tandis que les forces armées indiennes sont accusées de se montrer impitoyables envers les Cachemiris locaux. Les hindous, minoritaires, ont fui. Des civils innocents sont tués régulièrement et, selon les experts, le Cachemire a tout pour devenir la Palestine de l'Asie du Sud.

La démocratie pakistanaise a complètement échoué. Le Pakistan a connu principalement des dictatures militaires. D'après les services de renseignements, le pays est devenu un État « voyou ». Il ne va pas tarder à se désintégrer, laissant place à l'anarchie et à des seigneurs de guerre qui s'empareront de différentes régions du pays, voire prendront le contrôle des armes nucléaires. Des violences éclateront entre les communautés chiite et sunnite, polarisant la vie politique et les populations locales.

Quant à l'Afghanistan, il est déjà un État en faillite. Dans des conditions aussi chaotiques, l'Inde perdra son temps et son énergie à vouloir contenir son frère ennemi. Aucun pays ne voudrait d'un voisin tel que le Pakistan.

En 1954, l'Inde et la Chine ont signé un traité d'amitié. Le Premier ministre de l'époque, Nehru, a fièrement proclamé : « *Hindi-Chini Bhai Bhai !* », ce qui signifie que l'Inde et la Chine seront désormais des pays frères. Mais l'euphorie n'a pas duré longtemps. En octobre 1962, les Chinois ont lancé une attaque massive et non provoquée sur l'Inde pour s'emparer d'une grande partie du Ladakh, une région du Cachemire au nord de l'Inde.

Une jeune nation telle que l'Inde n'était pas préparée à ce genre d'attaque surprise. Nehru a beaucoup souffert de cette trahison de la part des Chinois ; il est mort sans s'en être remis quelques années plus tard. Aujourd'hui, même si les produits « made in China » ont envahi le marché indien, la plupart des Indiens n'aiment pas acheter des marques chinoises. D'ailleurs, une marque de produits électroménagers comme Konka a connu un échec total en Inde. Et Haier, autre grande marque chinoise de produits électroménagers, n'y est toujours pas acceptée. Les Indiens ne peuvent pas pardonner aux Chinois de les avoir attaqués gratuitement et humiliés.

Autre voisin à problèmes : le Bangladesh. En proclamant l'indépendance de l'Inde en 1947, les Britanniques ont divisé le sous-continent en trois parties : à l'ouest le Pakistan occidental, à l'est le Pakistan oriental — tous deux à majorité musulmane — et entre les deux l'Union indienne, à majorité hindoue. Le Pakistan oriental était constitué du Bengale oriental et d'autres provinces. Les Pakistanais orientaux n'étaient pas seulement musulmans, mais aussi et surtout bengalis, et le bengali était la langue la plus parlée dans cette province. Rabindranath Tagore, le célèbre poète, écrivain, philosophe et peintre indien qui a remporté le prix Nobel de littérature en 1913, était un Bengali. Pourtant, même s'il y avait davantage de musulmans parlant le bengali au Pakistan oriental, la capitale et le gouvernement de l'État pakistanais se trouvaient au Pakistan occidental et l'ourdou était la langue officielle du pays.

En 1952, les Pakistanais orientaux ont réclamé que le bengali soit considéré comme une langue officielle au même titre que l'ourdou. Le Pakistan occidental a non seulement ignoré leur demande, mais répondu par l'usage de la force militaire et des tirs sur les manifestants, tuant de nombreuses personnes. Cette démonstration de force a donné naissance au mouvement séparatiste. Plus de 1 600 kilomètres de territoire indien séparent le Pakistan oriental du Pakistan occidental.

Les manifestations, la répression militaire et le chaos ont continué et fini par engendrer une véritable guerre civile entre les deux provinces pakistanaises. Le Pakistan occidental ne pouvait pas contrôler le Pakistan oriental puisque l'Inde bloquait les voies aériennes et terrestres. Finalement, le Pakistan occidental a perdu la bataille et le Pakistan oriental est devenu le Bangladesh en 1971.

Mais il n'a fallu que quelques années pour voir une dictature militaire prendre le pouvoir au Bangladesh. Entre 1975 et 1990, les dictatures militaires se sont succédées jusqu'au soulèvement populaire de décembre 1990.

L'artisan de l'indépendance du Bangladesh avait été le cheikh Mujibur Rahman, un Bengali passionné, intellectuel et poète à ses heures, qui rêvait d'un pays libéral, laïque et démocratique. Il a été assassiné et ses successeurs n'ont pas réalisé ses rêves.

Le Bangladesh est le deuxième plus grand pays musulman du monde. Rien que Dacca, la capitale, abrite plus de 2 000 mosquées d'une beauté exceptionnelle. Malheureusement, la nature ne s'est pas montrée bienveillante envers le Bangladesh. Tous les ans, ou presque, des inondations font de nombreuses victimes et causent de terribles destructions. La pauvreté extrême, la corruption et des politiques opportunistes ont favorisé la montée d'un Islam radical. Le pays tombe progressivement entre les mains de mollahs désireux d'établir la charia, la loi islamique.

Des fatwas sont régulièrement lancées. Les assassinats politiques sont monnaie courante. Des bombes explosent presque quotidiennement. De nombreux groupes islamiques armés ont développé des accointances avec des organisations terroristes internationales. Les progressistes, les écrivains, les poètes et les minorités hindoues et chrétiennes ont fui en Inde. Les Ahmediyas, une minorité musulmane convaincue que Mahomet n'était pas le dernier Prophète, sont persécutés. Leurs maisons, leurs mosquées et leurs bibliothèques sont brûlées par les islamistes radicaux. Sans parler de l'épée de Damoclès : les chefs militaires puissants qui peuvent s'emparer du pouvoir à n'importe quel moment, avec ou sans l'aide des islamistes radicaux.

Paradoxalement, l'Inde, qui a aidé et accueilli des centaines de milliers de Bangladais durant la guerre de 1971, est considérée avec suspicion par les autorités politiques et militaires du pays. Le Bangladesh entretient visiblement de meilleures relations avec le Pakistan et la Chine qu'avec l'Inde.

Prise en sandwich entre l'Afghanistan, le Pakistan et le Bangladesh, et constamment surveillée par la Chine, l'Inde a assurément des années difficiles en perspective.

Le Népal, le pays de l'Everest, des montagnes aux cimes enneigées et des paysages à vous couper le souffle, est un État enclavé. Il partage ses frontières orientale et méridionale avec quatre États indiens. Des centaines de milliers de Népalais vivent et travaillent en Inde. Le népalais est l'une des langues officielles de l'Inde. Près de 2,5 millions d'Indiens d'origine népalaise ou de Népalais d'origine indienne parlent, lisent et écrivent le népalais.

Le Népal est considéré par les hindous comme l'un des lieux les plus sacrés. L'Himalaya est la demeure de nombreux dieux hindous. Le roi du Népal est considéré comme l'incarnation vivante du dieu Vishnou et l'empereur hindou du monde. Il possède un pouvoir divin, ce qui le place au-dessus de toutes les lois humaines. Il n'y a pas encore si longtemps, le Népal était le seul État théocratique hindou du monde, mais sans extrémisme hindou.

Le royaume du Népal est aussi le lieu de naissance de Bouddha. Il partage sa frontière septentrionale avec le Tibet et abrite plusieurs milliers de bouddhistes et de temples bouddhistes. Même si le Népal est l'un des pays les plus pauvres de la planète, les Népalais sont doux, aimables et généreux. L'Inde est le principal partenaire commercial du Népal. Après l'agriculture, le tourisme est le plus grand secteur d'activité du pays. Environ 40 % des touristes qui visitent le Népal sont des Indiens. Le

Népal a toujours admiré l'Inde, la considérant comme un grand frère qui lui apporte protection et conseils, mais certains intellectuels népalais déplorent la tutelle que le gouvernement indien a toujours imposée au Népal.

En 1990, suite à des mouvements en faveur de la démocratie, le roi a cédé ses pleins pouvoirs et le Népal est devenu une monarchie constitutionnelle à la démocratie multipartite.

L'aide internationale n'est pas arrivée jusqu'aux Népalais les plus démunis. La corruption, les lourdeurs bureaucratiques, les rivalités politiques ont laissé sans ressources les villageois pauvres des régions montagneuses les plus reculées. Ces injustices ont constitué un vivier pour les rebelles maoïstes qui ont réussi à s'attirer la sympathie des villageois.

En 2001, le roi et tous les membres de la famille royale ont été assassinés suite à une révolution de palais. Le frère du roi a accédé au trône puis a rapidement dissous le Parlement et pris les pleins pouvoirs. La population est descendue dans la rue pour réclamer la démocratie, tandis que les rebelles maoïstes ont continué d'attaquer l'armée royale. La violence gratuite s'est emparée du Népal.

Des milliers de guérilleros maoïstes, de soldats et de civils ont perdu la vie. La popularité du roi a chuté et les maoïstes ont réussi à contrôler la plus grande partie du Népal, excepté la capitale, Katmandou. En 2006, le roi a fini par céder : il a rétabli le Parlement et accepté de suivre la monarchie constitutionnelle. Même les maoïstes ont bien voulu participer à un processus de paix.

L'une des décisions les plus controversées du Parlement a été de transformer le Népal en démocratie laïque.

Autrement dit, le roi ne détient plus le pouvoir divin et devient un simple citoyen. Les extrémistes hindous du Népal et de l'Inde considèrent cette intention comme l'œuvre de nations chrétiennes tels les États-Unis et le Royaume-Uni. Ils prétendent que l'argent de l'église a changé la politique népalaise et que les puissances occidentales sont en train de prendre le contrôle du Népal.

Le Népal est un lieu stratégique. Si les puissances occidentales souhaitent garder un œil sur la Chine et l'Inde, le Népal est une base idéale. Mais la Chine et l'Inde laisseront-elles faire les Occidentaux ? Ou n'est-ce pas plutôt la Chine qui convoiterait le Népal ? Après tout, les Chinois ont déjà occupé le Tibet et poursuivent la construction de digues et de routes sous le regard impuissant du reste du monde.

Les grandes puissances régionales se disputent le Népal. Les forces armées occidentales y pénètrent lentement, les maoïstes et les soldats se suspectent mutuellement et, pendant ce temps-là, les villageois doivent descendre péniblement les montagnes pour une poignée de sel.

Le Nord-Est indien est rattaché au corps de l'Inde par un étroit corridor de terre surnommé le « cou de poulet ». À l'époque où il dirigeait le pays, Nehru se plaisait à appeler les sept États du Nord-Est indien les « sept sœurs ». Aujourd'hui, ce sont huit États, pour la plupart en proie à l'insurrection depuis des décennies. Ces États partagent leurs frontières avec la Chine, le Bangladesh et la Birmanie et regorgent de pétrole, de minéraux, de thé et d'autres ressources naturelles. Ils sont habités en majorité par des tribus qui ressemblent physiquement aux Chinois et aux Birmans.

Les rebelles des États du Nord-Est sont soutenus par la Birmanie, le Bangladesh et la Chine, qui les entraînent et leur fournissent des armes. Les plus grandes raffineries pétrolières et plantations de thé indiennes sont souvent le théâtre d'actions menées par ces rebelles, encore davantage mis à l'écart du reste du pays par une politique à court terme.

Le Sri Lanka, l'ancien Ceylan, est une île magnifique située à l'extrémité méridionale de l'Inde dont elle est séparée par environ 80 kilomètres de mer. Jadis le plus grand exportateur mondial de thé, cette petite île est déchirée par des décennies de guerre civile entre Tamouls et Cinghalais. Le conflit entre les séparatistes tamouls et l'armée cinghalaise a fait des dizaines de milliers de victimes.

La minorité tamoule du Sri Lanka exigeait la fin des politiques discriminatoires des autorités cinghalaises à leur égard, et ses revendications ont progressivement dégénéré en une véritable guerre civile, les séparatistes tamouls réclamant un État tamoul indépendant.

Affrontements violents et assassinats politiques se sont succédé pendant des décennies. Les Tamouls du Tamil Nadu, l'ancien État de Madras au sud de l'Inde, ont compris la situation déplorable de leurs frères du Sri Lanka. Après tout, seulement 80 kilomètres les séparaient et le Tamil Nadu est l'un des principaux États de l'Inde. Le Dr Sarvepalli Radhakrishnan, l'un des présidents les plus érudits que l'Inde ait jamais eus, philosophe à ses heures, était tamoul. Le Tamil Nadu a produit de nombreux leaders politiques d'envergure nationale et des membres du Conseil des ministres de haut rang. Il était donc inévitable que l'Inde ait été entraînée dans la guerre civile au Sri Lanka.

Le Premier ministre de l'époque, Rajiv Gandhi, s'est engagé dans la résolution de cette crise. Pilote à l'Indian Air Line et fils aîné d'Indira Gandhi, Rajiv Gandhi était jeune, charismatique et plein d'illusions. On le baptisait « monsieur Propre » au sein des milieux politiques corrompus du pays. Rajiv Gandhi a conclu un accord avec le président du Sri Lanka pour mettre fin aux hostilités en faisant intervenir l'armée indienne. La force indienne de maintien de la paix, c'était son nom, devait convaincre les rebelles tamouls de se rendre et superviser l'arrêt des hostilités.

La décision de Rajiv Gandhi d'envoyer sur place les troupes indiennes sous prétexte de résoudre le conflit intérieur lié au séparatisme tamoul était très controversée. De nombreux experts pensaient que l'Inde essayait de prendre le contrôle du port de Trincomalee, le plus grand port naturel en eaux profondes d'Asie. Les Portugais, les Hollandais, les Français, les Britanniques et les Indiens se sont disputés pendant des siècles le contrôle de ce port stratégique. Trincomalee peut accueillir de nombreux navires marchands, pétroliers, porte-avions et même sous-marins. Rien d'étonnant à ce que l'on dise que celui qui contrôle Trincomalee contrôle le Sri Lanka.

Mais Rajiv Gandhi n'a pas compris l'ampleur de la haine et de la méfiance qui régnait entre les Tamouls et les Cinghalais. Les rebelles tamouls attendaient du gouvernement indien qu'il soutienne leur cause. Au lieu de cela, les autorités envoyaient leurs forces armées pour les supprimer.

La force de paix indienne s'est battue contre les rebelles tamouls pendant près de deux ans. Des centaines de soldats indiens ont été tués et les attaques ont redoublé d'intensité sans qu'aucune solution politique ne soit envisagée. Finalement, en septembre 1989, la force indienne de maintien de la paix s'est retirée du Sri Lanka.

Les rebelles tamouls n'ont pourtant jamais pardonné à Rajiv Gandhi. En mai 1991, alors en pleine campagne électorale au Tamil Nadu, le Premier ministre a été sauvagement assassiné par des indépendantistes tamouls. L'Inde était sous le choc et tout le pays a pleuré sa mort. Suite à cet acte ignoble, les rebelles tamouls du Sri Lanka ont perdu la sympathie de la plupart des Indiens.

La violence intercommunautaire se poursuit actuellement au Sri Lanka, même après les ravages causés par le tsunami. Les nations européennes tentent de construire la paix dans le pays. Les rebelles tamouls sont désormais considérés comme des terroristes par l'Union européenne, ce qui risque d'aggraver la situation. Nul ne sait quand et comment les tensions retomberont, comment les Sri Lankais vont se remettre de plusieurs décennies de guerre civile et du désastre provoqué par le tsunami. Rien d'étonnant à ce que cette île magnifique ait la forme d'une larme, ou est-ce peut-être d'une perle ?

CHAPITRE 15

Apocalypse Now

Puissance nucléaire depuis 1974, l'Inde a réalisé des essais nucléaires pour la deuxième fois de son histoire après l'arrivée au pouvoir du BJP en 1998, ce qui lui a valu des critiques de toutes parts. Quelques jours plus tard, le Pakistan répliquait par sa première série d'essais nucléaires. Le reste du monde observait avec consternation ces démonstrations de force terriblement puériles.

Malgré tout, les blagues sur les essais nucléaires dans le sous-continent allaient bon train. En voici un exemple. « Question : Pourquoi le Pakistan a-t-il mis aussi longtemps pour réaliser ses propres essais nucléaires ? Réponse : Parce que le manuel d'instructions était en chinois. »

Le plus célèbre caricaturiste indien a parfaitement résumé la situation. Son dessin montrait un officier militaire très perplexe disant au ministre : « Monsieur, nous avons lancé tous nos missiles lors de ces essais. Nous n'en avons plus. Que faisons-nous s'ils nous attaquent ? »

Plaisanteries à part, le Pakistan et l'Inde, deux puissances nucléaires et deux frères ennemis, ont transformé l'Asie

© Groupe Eyrolles

du Sud en bombe nucléaire à retardement. Ils brandissent leurs armes comme des adolescents incapables de contrôler leur montée d'hormones.

Jusqu'à présent, le monde a assisté à trois conflits indo-pakistanais : en 1948, 1965 et 1971. En 1999, l'Inde a lancé une contre-attaque massive à Kargil, une région de l'Himalaya. L'armée indienne a eu fort à faire pour récupérer les régions montagneuses occupées par des militants cachemiris soutenus par les Pakistanais.

Et puis le pire est arrivé durant l'été 2002 : le spectre de la destruction mutuelle assurée. La crise de Cuba version Asie du Sud. Les frères ennemis ont rassemblé des troupes de chaque côté de leur frontière, leurs soldats se regardaient en chiens de faïence et ne se quittaient pas des yeux.

L'Inde a déployé sa marine de guerre en mer d'Arabie et positionné ses missiles dotés d'ogives nucléaires. Dans un discours agressif, le président pakistanais a menacé de riposter immédiatement.

Le monde entier avait la peur au ventre. Les diplomates et les étrangers se sont précipités vers les aéroports avec toute leur famille, les passagers locaux ont été débarqués pour laisser leurs places aux citoyens étrangers. Le département d'État des États-Unis et les ambassades étrangères ont donné l'ordre à leurs citoyens d'évacuer le sous-continent.

De retour chez eux, des experts alarmistes ont décrit les pires scénarios, passant en revue les conséquences possibles d'une guerre atomique. En cas d'attaque nucléaire pakistanaise, New Delhi et Bombay, centres névralgiques de l'Inde, seraient rayés de la carte en quelques minutes. 12 millions de personnes périraient et 24 millions seraient gravement blessées et traumatisées à vie. Des cadavres recouvriraient l'ensemble du sous-continent.

© Groupe Eyrolles

C'était la panique totale au sein de la communauté internationale.

Sans parler de la possibilité d'une attaque nucléaire déclenchée accidentellement, et ce à tout moment. Les structures militaires de commandement et de contrôle du Pakistan et de l'Inde demeuraient enveloppées du plus grand mystère.

Les autorités pakistanaises menaçaient publiquement d'utiliser leurs armes de destruction massive. Mais si le Pakistan peut frapper Delhi et Bombay, l'Inde peut anéantir l'ensemble du Pakistan.

Les Pakistanais pourraient tirer profit de la politique nucléaire de l'Inde — ne pas frapper la première — et porter un coup terrible à la puissance militaire indienne. Puisque l'Inde n'a pas de capacité de représailles, cela ferait pencher la balance en faveur du Pakistan. Et même si l'Inde possédait des armes de seconde frappe et voulait riposter, la communauté internationale réagirait.

Des scénarios catastrophe de ce type étaient élaborés alors que, de chaque côté de la frontière indo-pakistanaise, les habitants continuaient de vivre normalement.

Les principaux chefs d'État de la planète ont tout fait pour éviter le conflit atomique. Après avoir causé bien des frayeurs et des nuits blanches à la communauté internationale, les deux frères ennemis ont fait prévaloir le bon sens et mis en sourdine leurs velléités nucléaires. La guerre atomique était désormais écartée dans les régions les plus peuplées du monde.

Mais de nombreux Indiens pensent que les Pakistanais ont une mentalité de kamikazes. Vaincu et humilié par l'Inde à trois reprises, incapable de sortir victorieux d'une guerre conventionnelle, le Pakistan recourt au chantage nucléaire.

Actuellement, la température monte entre les deux camps et l'on ignore si l'un des deux appuiera sur le bouton et, si oui, lequel et quand. L'ange de la mort s'abattra-t-il sur le sous-continent ?

CHAPITRE 16

Ce qui ne peut se faire peut se contrefaire

L'imitation est la meilleure forme de flatterie. Mais en Inde, elle constitue une industrie parallèle de plusieurs millions de dollars. Bien que le marché indien de la contrefaçon n'ait pas une ampleur comparable à celui de la Chine, il pose de sérieux problèmes à de nombreuses marques. La contrefaçon leur fait perdre de l'argent, ternit leur image et représente un manque à gagner pour les finances publiques.

Pour une bouteille de shampoing de marque vendue, ce sont d'innombrables contrefaçons qui sont écoulées sur le marché. Mais la contrefaçon ne se limite pas aux shampoings. Elle touche les aliments pour bébés, les sodas, les biscuits, les dentifrices, les cigarettes, les médicaments, l'essence, les vêtements de marque, les adhésifs, les cosmétiques, etc., etc. Ce n'est ni plus ni moins qu'une seconde révolution industrielle.

Selon une étude réalisée il y a quelques années, il existe une vingtaine de contrefaçons du Vicks, médicament-phare contre les affections respiratoires en Inde. Les noms de ces contrefaçons étant très proches de la marque d'origine, les Indiens n'y voient que du feu. On trouve, par exemple, du Vix, du Wix, du Yix, du Vics, du Weeks, du Veeks, etc. L'imagination des contrefacteurs est sans limite. Il existe même des contrefaçons d'hologrammes !

Prenez le cas du Viagra. Avant son arrivée sur le marché indien, il existait déjà au moins une douzaine de marques aux consonances proches telles que Kamagra, Silagra, Penegra, Wayagra ou Hiagra, et aux promesses identiques. Un géant pharmaceutique comme Pfizer n'avait pas d'autre moyen que de saisir le tribunal en invoquant une infraction au Code de la propriété industrielle. Il a perdu son procès.

Il existe une marque de vêtements masculins appelée Crocodile dont le logo est un alligator ou un crocodile. Inutile de vous faire un dessin, je suppose. L'illusion est presque parfaite.

Alors, comment pouvez-vous avoir la certitude que votre marque n'est pas contrefaite ? Dans un pays aussi vaste, aussi complexe et aussi pauvre que l'Inde, vous ne pouvez pas l'avoir, tout simplement. Des produits de grandes marques comme Head&Shoulders, Pantene ou Colgate, à des produits de marques locales inconnues, tous sont susceptibles d'être contrefaits et écoulés sur les marchés des villes et des villages.

L'attrait de marges bénéficiaires élevées représente le principal moteur de l'industrie de la contrefaçon. Mais la sécurité et la santé des consommateurs sont menacées.

Personne ne peut chiffrer avec précision le manque à gagner pour les marques ou, ce qui revient au même, l'ampleur du marché de la contrefaçon. Il pourrait s'agir de millions, voire de milliards de dollars. Des organismes professionnels et privés tentent de lutter contre l'industrie de la contrefaçon. Mais la taille et la complexité du marché indien rendent cette bataille difficile. Il existe en Inde des lois interdisant la contrefaçon, mais elles ne sont guère appliquées. Comme la plupart des lois, d'ailleurs.

CHAPITRE 17

Urine de vache, Pesti-Cola et autres problèmes mis en bouteille

La vache est un animal sacré pour les hindous. La plupart des hindous ne commencent pas leur journée avant d'avoir nourri leurs vaches, et de nombreux États interdisent l'abattage des vaches. Mais, paradoxalement, le bœuf constitue la nourriture de base de certaines populations locales.

Toutes les vaches sont-elles sacrées ou seule la vache indienne l'est-elle ? Une vache du New Jersey jouit-elle du même statut qu'une vache indienne ? Une question trop délicate pour un grand nombre d'hindous qui, dans le doute, préfèrent s'abstenir de manger du bœuf. Pourtant, les étrangers sont consternés de voir de quelle manière les vaches sont traitées en Inde. De la façon la plus inhumaine qui soit. Elles s'étouffent en avalant des sacs plastiques parce qu'elles font les poubelles pour se nourrir.

À chaque fois que des historiens et des universitaires affirment que le bœuf était la base de l'alimentation chez les hindous de l'Inde ancienne, les extrémistes hindous poussent les hauts cris. Jawaharlal Nehru n'a-t-il pas dit un jour lorsqu'il était Premier ministre : « En Occident ils nourrissent leurs vaches, en Inde nous les vénérons. » Il faisait allusion aux traitements barbares infligés à ces animaux par le peuple indien.

Outre son assimilation à la mère nourricière, la vache indienne a engendré de nombreux conflits intercommunautaires. Il suffit qu'une rumeur circule sur l'abattage d'une vache pour que des tensions éclatent.

Quelques extrémistes hindous ont même essayé de propager l'idée selon laquelle la bouse de vache protège des radiations ionisantes et font des réserves en cas d'attaque nucléaire pakistanaise ! La plupart des Indiens se moquent d'affirmations aussi farfelues.

Le nord de l'Inde est surnommé « *the cow belt* », littéralement « la ceinture des vaches », tout comme certaines régions des États-Unis sont baptisées « *the Bible belt* », « la ceinture de la Bible ».

L'urine de vache est embouteillée et vendue aussi bien pour des rituels religieux que pour la consommation, ce qui surprend plus d'un Occidental. On peut lire sur l'étiquette « nectar », « eau sacrée » ou « potion parfaite » et que ce breuvage soigne les ulcères, les troubles gastriques, l'hypertension artérielle, l'impuissance, le cancer, le diabète, etc. Faut-il y croire pour guérir ou est-ce scientifiquement prouvé ?

Un scientifique d'origine indienne a déposé et obtenu un brevet aux États-Unis pour avoir mis au point un médicament à base d'urine de vache ! Vous voyez ? La foi et la science sont les deux pédales d'une même bicyclette.

L'Inde a aussi ses mollahs les plus fous. Difficile à croire, mais les *Versets sataniques* de Salman Rushdie ont été d'abord interdits en Inde, un pays à majorité hindoue. De temps en temps, vous lisez ou entendez qu'un mollah demande aux musulmans de ne pas boursicoter parce que la Bourse est assimilée aux jeux d'argent et que les jeux d'argent sont interdits par le Coran. Ou de ne pas acheter de Sicav parce que prêter de l'argent à des taux d'intérêt élevés est une pratique contraire à l'islam. Ou de ne pas souscrire d'assurance-vie parce que seul Dieu tout puissant décide du sort de chacun. La plupart des musulmans indiens tournent ces interdictions en ridicule.

À la fin des années 1990, Évian, la célèbre marque d'eau minérale, est arrivée sur le marché indien. Mais elle est loin de s'être imposée. Les problèmes qu'elle rencontre sont multiples, mais sa principale difficulté tient à une raison simple : les Indiens assimilent tous les eaux en bouteille à des eaux minérales.

En Inde, eau en bouteille signifie eau minérale. Les Indiens ne font pas la différence entre l'eau du robinet traitée, purifiée et embouteillée, et l'eau minérale, une eau pure, naturelle, riche en sels minéraux, vierge de tout contact humain et certifiée par différents organismes internationaux.

Résultat : ils ne comprennent pas pourquoi ils devraient payer dix fois plus cher pour une eau en bouteille de la marque Évian. Excepté dans les hôtels de luxe, les ambassades et les quelques défilés de mode, Évian n'est pas visible partout. L'eau en bouteille la plus vendue en Inde est la Bisleri qui ne coûte que 10 roupies.

Sur le marché indien, les marques tendent à devenir génériques. Mobil a été l'une des premières marques d'essence distribuées en Inde et l'essence Mobil est devenue synonyme d'essence tout court. Le client demande de l'essence Mobil et le pompiste lui fournit n'importe quelle marque d'essence. C'est la même chose pour Xerox. Encore aujourd'hui, les Indiens parlent de « xeroxcopie » et non de photocopie.

Si toutes les eaux en bouteille sont perçues comme des eaux minérales, pourquoi payer davantage pour de l'Évian ? Surtout que, contrairement aux consommateurs japonais (Évian détient une forte part du marché japonais) et d'autres pays d'Extrême-Orient, le consommateur indien est très sensible au prix (obnubilé par le prix serait plus juste).

Il a fallu la commercialisation d'une marque appelée Himalayan pour expliquer aux Indiens les différences entre l'eau du robinet et l'eau minérale naturelle, et créer une niche pour l'eau minérale. Il faut dire qu'elle était vendue moins d'un quart du prix de l'Évian.

À l'étranger, Évian mise avec succès sur son pouvoir de désintoxication et de purification de l'organisme. Or, en Inde, tout processus de désintoxication implique des lavements. L'argument commercial de la marque n'est donc pas adapté au marché indien.

Puisque le concept de purification de l'organisme est connoté différemment sur le sous-continent, Évian a intérêt à miser sur son image d'origine dans les pays occidentaux : celle d'une eau idéale pour les nourrissons et la préparation des biberons. Alors les ventes décolleront puisque, même en Inde, les parents sont prêts à acheter ce qu'il y a de mieux pour la santé de leur bébé. Bien sûr, la marque pourra compter sur l'effet boule de neige et Évian deviendra une eau bue par toute la famille. À condition d'être vendue à un prix raisonnable.

Tous les matins, des millions d'Indiens se réveillent devant leur téléviseur à l'appel d'un jeune gourou à l'allure austère nommé Baba Ramdev. Sa mission ? Convertir les Indiens à une vie saine. Il enseigne le yoga, la méditation et des techniques respiratoires, donne des conseils culinaires et défend les « bonnes » habitudes alimentaires.

Aux dires de nombreux téléspectateurs, si vous suivez ses conseils, vous pouvez soigner tous vos problèmes de santé, des maux de tête au cancer en passant par le diabète et le surpoids. Des millions d'Indiens admirent son courage et suivent scrupuleusement ses prescriptions.

Ce jeune gourou critique ouvertement l'essor de « la culture fast-food-coca », l'accusant d'être à l'origine des maladies actuelles. Baba Ramdev répète que le coca n'est bon qu'à nettoyer la cuvette des toilettes. Pour tenir les Indiens à l'écart de cette boisson, il scande à la télévision : « Le coca est... » et des millions d'Indiens reprennent en chœur : « ... un nettoyant WC ».

Afin de démontrer la présence de produits chimiques dangereux pour la santé dans le coca, il conseille aux téléspectateurs de laisser une dent toute la nuit dans un verre rempli de coca. Il affirme que, le lendemain matin, la dent aura disparu, dissoute par les substances chimiques.

Dans aucun autre pays du monde, vous ne trouverez un individu capable de mobiliser des millions de personnes, quels que soient leur âge, leur sexe, leur religion et la région où elles vivent, simplement pour les aider à mener une vie plus saine. Les multinationales haïssent Baba Ramdev. Des millions d'Indiens l'adorent.

Les critiques avancent qu'un immense marché de produits ayurvédiques s'est développé avec le soutien de ce gourou et que ses enseignements n'ont rien de révolutionnaire. Le jeune Baba Ramdev a été invité dans le monde entier et de nombreuses chaînes de télévision lui ont demandé l'autorisation de diffuser ses « sermons ».

Le coca et les sodas apparentés ont toujours suscité la controverse, et l'Inde ne fait pas exception à la règle. Dans les années 1970 les fabricants de cola ont été priés de quitter l'Inde. Quelques années plus tard, ils revenaient en force, investissant des millions de dollars, créant des milliers d'emplois et popularisant le coca pour en faire un produit à la mode. Ils ont misé sur les stars du cinéma et du sport pour promouvoir la marque, ce qui a été un succès total. Ils n'ont pas tardé à envahir le marché et à racheter des marques locales pour bâtir leur empire.

Mais l'été 2003, les limonadiers Coca-Cola et PepsiCo ont traversé la crise la plus grave de toute leur histoire : le Centre for Science and Environment (CSE) et le Central Food Laboratory ont découvert la présence de pesticides dangereux tels le DDT et l'Indane dans leurs bouteilles à des doses bien supérieures à celles autorisées par les normes européennes.

Un énorme scandale a alors éclaté. Si cet incident s'était passé aux États-Unis ou dans n'importe quel autre pays occidental, les limonadiers auraient été ruinés par ces diffamations. Rappelez-vous Perrier : la marque se remet tout juste de l'incident de 1990 (elle avait dû retirer du marché 280 millions de bouteilles dans le monde au motif qu'on y avait retrouvé des traces de benzène) qui avait sérieusement terni son image. La marque a même failli disparaître.

Mais l'Inde étant ce qu'elle est, les limonadiers ont saisi les tribunaux et une longue bataille judiciaire a commencé. Les Coca-Cola et autres Pepsi ont été bannis par le Parlement, la compagnie Indian Airlines et de nombreuses cantines scolaires. Résultat : les ventes ont chuté de près de 40 %.

On a rapporté que des agriculteurs pauvres du sud de l'Inde s'étaient mis à répandre du Coca sur leurs cultures en guise de pesticide, ce qui déclenché l'hilarité générale des citadins !

L'année suivante, les autorités locales de l'État du Kerala ont interdit le Coca-Cola, l'accusant de diminuer les nappes phréatiques et de polluer au cadmium les lits des cours d'eau et l'environnement. Le limonadier a une nouvelle fois saisi les tribunaux et gagné son procès.

Même si l'Inde demeure largement analphabète et un pays en développement, elle peut compter sur la vigilance de ses intellectuels et de ses groupes de pression pour surveiller les activités des multinationales. Elle peut aussi compter sur des gourous respectés et entendus tels que Baba Ramdev (aussi suspect qu'il puisse paraître) pour la remettre dans le droit chemin. Les marques et les entreprises doivent donc veiller à respecter un équilibre entre profits et responsabilité sociale. Tâche difficile à accomplir dans ce monde globalisé.

CHAPITRE 18

Le Taj Mahal
est à vendre !

Il y a deux sortes de personnes : celles qui ont vu le Taj Mahal et celles qui ne l'ont pas vu. Vous n'êtes pas d'accord ? Alors attendez de voir le Taj Mahal de vos propres yeux.

Récemment, un film indien a fait un tabac dans le pays. C'est l'histoire d'un jeune homme et d'une jeune fille qui tentent de s'enrichir en escroquant les gens. La scène la plus hilarante du film ? Quand ce jeune couple sympathique vend le Taj Mahal à un riche touriste occidental. Se faisant passer pour des agents immobiliers chargés de vendre le célèbre monument, les Bonnie & Clyde indiens dupent le riche touriste et disparaissent avec l'argent. Le film a fait salle comble.

Cette histoire résume assez bien l'attitude des Indiens envers les étrangers. En Inde, comment arriver à comprendre qui vend quoi, comment, où et à qui ? Avec plus de 1 600 langues maternelles divisées en quatre familles,

© Groupe Eyrolles

22 langues officiellement reconnues et des milliers de dialectes, il est très difficile de faire du business en Inde. De nombreuses entreprises étrangères, dont de grosses multinationales, sont arrivées et reparties aussi vite, tandis que celles qui persévèrent sont encore en train d'essayer de se faire une idée du marché indien. Voici quelques exemples.

Metlife Insurance, une grande compagnie d'assurance internationale arrivée sur le marché indien avec confiance, a vite déchanté. Le meilleur moyen de s'implanter ici est de trouver un partenaire local fiable, qui partage vos valeurs et votre vision des choses. L'été 2003, Metlife a quitté le marché indien des Sicav, et les spécialistes pensent que la société ne va pas tarder à se retirer du secteur de l'assurance. Mais que diable faisait-elle sur le marché des Sicav ? Elle tentait de limiter les risques, tout simplement !

De nombreuses grandes marques étrangères d'électronique et d'audiovisuel grand public ont coulé à pic sur le marché indien en raison de partenaires locaux peu fiables qui n'ont pas hésité à changer de camp.

BNP Paribas n'est pas une illustre inconnue en Inde. Principal sponsor du tournoi de tennis de Roland-Garros, son célèbre logo a été vu par des millions de foyers indiens. L'élite de la société indienne connaissait la banque et son image classique (voire un peu snob). L'entrée de BNP Paribas sur le marché indien de la banque de détail en 2001 n'a donc pas vraiment été une surprise. Jusque-là, la banque limitait ses activités au *corporate banking*. D'immenses panneaux publicitaires ont fleuri, promettant aux Indiens que BNP Paribas allait révolutionner les services bancaires aux particuliers. Mais au bout de quelques mois, la banque est devenue frileuse et a abandonné ses activités de banque de détail. Que s'est-il passé ?

La banque de détail en Inde est une activité très particulière. Les Indiens sont des gens très pratiques qui ne choisissent pas une banque, mais l'agence la plus proche de chez eux. Autrement dit, quel que soit le nom de la banque, si l'une de ses agences est tout près de votre domicile ou de votre bureau, vous ouvrez un compte. Mais pour ouvrir des agences un peu partout et attirer la clientèle, il faut des bâtiments et du personnel et, surtout, beaucoup de patience pour rentabiliser les capitaux investis. BNP Paribas ne s'était jamais lancé dans la banque de détail sur de nouveaux marchés. Et s'implanter sur un marché aussi complexe que l'Inde exige un bon partenaire local.

Après un démarrage en fanfare et l'embauche de nombreux professionnels d'autres banques, BNP Paribas a tout abandonné brusquement. Pour le personnel et les partenaires engagés dans l'affaire, la pilule a été amère. Filer à l'anglaise, dites-vous ? Ne serait-ce pas plutôt à la française ?

À l'opposé : la réussite de Citibank. À peu près à la même époque, Citibank menait une politique commerciale offensive dans le but d'attirer un milliard de particuliers. Un projet plutôt ambitieux. Mais Citibank a adopté une stratégie différente. Pour changer les habitudes des Indiens dans le domaine bancaire, la banque a introduit le concept de « banque par téléphone », multiplié les guichets automatiques et mis en place des services à domicile. Installer des guichets automatiques un peu partout revient moins cher que d'ouvrir des agences un peu partout, n'est-ce pas ? Les guichets suffisent pour retirer des espèces et déposer des chèques, un système centralisé satisfait les demandes particulières des clients en leur envoyant un coursier fiable à domicile ou à leur bureau et, grâce à la banque par téléphone, un simple coup de fil permet d'effectuer toutes les opérations souhaitées. C'est avec brio que Citibank a transformé les habitudes des Indiens à peu de frais.

En Inde, il ne faut pas s'étonner de voir certains produits détournés de l'usage pour lequel ils ont été conçus. Toyota, deuxième constructeur automobile mondial, l'a appris à ses dépens. Son premier véhicule commercialisé sur le marché indien était la Toyota Qualis, une jeep à huit places.

Cette jeep était un franc succès. Mais au lieu d'être utilisée par les familles nombreuses, elle était devenue la coqueluche des transporteurs privés. Un produit de qualité à prix limité, tout ce que les Indiens aiment ! La Toyota Qualis pouvait transporter davantage de passagers qu'une voiture ordinaire, roulait au diesel et était peu gourmande en carburant. Des atouts majeurs pour faire la navette entre les *call centers* et les domiciles des passagers. En effet, ces transporteurs privés avaient des contrats avec les *call centers*, les prestataires de services liés aux processus d'affaires et d'autres protagonistes de l'offshore indien. Mais la plupart étaient sous-payés, sursollicités et contraints par des délais impossibles. Les routes indiennes n'ont pas tardé à être monopolisées par des Toyota Qualis conduites imprudemment par des transporteurs privés. Résultat : les accidents et les victimes de la route sont devenus un spectacle quotidien. Les médias et la population ont donné à la

Toyota Qualis le triste surnom de *Killer Qualis* (la Qualis tueuse).

L'image de Toyota a été sérieusement entachée et, pour sauver sa réputation, le constructeur n'a pas eu d'autre choix que de stopper la fabrication de la Qualis. Au même moment, General Motors a commercialisé son propre produit, la Chevrolet Tavera. Puisque la Qualis n'est plus disponible sur le marché, les transporteurs privés se reportent sur la Tavera. Le malheur d'une marque fait le bonheur d'une autre. Mais seul l'avenir nous dira si la Chevrolet Tavera remportera un succès comparable à celui de la Toyota Qualis.

Dans un État de l'ouest de l'Inde où la vente d'alcool est interdite, une célèbre marque de lotion après-rasage s'est constitué une vaste clientèle plus attirée par la teneur en alcool de l'after-shave que par son effet apaisant sur le feu du rasoir ! Difficile de croire que les Indiens confondent produits à usage externe et produits à usage interne...

Lorsque les machines à laver ont fait leur apparition sur le marché indien, les motels en ont commandé par douzaines. Pourquoi ? Pour fabriquer du « lassi » (yaourt à boire), la boisson préférée des camionneurs. Versez quelques kilos de *curd* (yaourt fait maison) épais dans la machine, ajoutez deux seaux d'eau et un kilo de sucre mélangé à du miel. Faites tourner la machine pendant quelques minutes et vous obtenez... au moins 200 verres de yaourt liquide. Je vous défie de trouver sur le marché un mixeur capable de produire aussi rapidement 200 verres de yaourt liquide. Ah ! l'ingéniosité indienne...

Restons sur les lave-linge. Il existe deux types de lave-linge : ceux que l'on charge par le haut, les lave-linge top, et ceux que l'on charge par devant, les lave-linge frontaux.

Les seconds ont une ligne pure et élégante, mais se vendent beaucoup moins que les premiers. Pourquoi ? Parce que les Indiens craignent que l'eau s'échappe par le hublot frontal. Le lave-linge top ne présente aucun risque puisque le couvercle est au-dessus de la machine. Preuve qu'en Inde, les convictions, justifiées ou non, sont plus importantes que la technologie.

Prenons le cas des lecteurs DVD. Sur le sous-continent, les DVD sont chers, les VCD quatre fois moins chers, et la plupart de ces produits sont piratés. Une grande marque de lecteurs DVD utilisant la toute dernière technologie japonaise a été commercialisée. Mais cette technologie est si avancée qu'elle ne peut pas lire les DVD ou les VCD piratés. Les consommateurs indiens ont jugé ce lecteur de mauvaise qualité et ont été nombreux à le retourner. Les responsables du produit ne comprenaient pas les raisons de ce mécontentement général. Après une étude approfondie, ils ont compris le problème et remplacé la technologie dernier cri par une technologie courante. Quel intérêt de posséder une technologie de pointe si elle n'autorise pas la lecture de produits piratés ? Un exemple parmi beaucoup d'autres de la spécificité du marché indien.

CHAPITRE 19

Susceptibles, les Indiens ?

Il y a quelques années, Hillary Clinton a dû s'excuser pour avoir parlé du Mahatma Gandhi comme du type qui tenait la station-service du coin. Elle faisait manifestement référence aux Indiens qui travaillent dans des stations d'essence aux quatre coins des États-Unis.

Une grande marque française a soulevé l'indignation des Indiens en imprimant des images de dieux et de déesses hindous sur des sous-vêtements et des sandales. Elle a refusé de s'excuser ou de retirer ses produits du marché malgré les protestations de la communauté indienne à l'étranger.

Un célèbre fast-food a dû présenter ses excuses pour avoir utilisé de la graisse de bœuf dans la cuisson de ses frites et avoir ainsi trompé les végétariens.

Une bière a été commercialisée en Europe sous le nom et avec la photo d'un dieu hindou.

Le gouvernement français, indifférent aux sentiments religieux des sikhs, a ordonné aux étudiants sikhs de France de ne plus porter de turban sur leur lieu de scolarité pour cause de laïcité de l'enseignement et sous prétexte de supprimer tout signe religieux dans les écoles et les universités. Les sikhs indiens et les Indiens ont été scandalisés. Surtout que ce même gouvernement a accueilli le Premier ministre indien, un sikh portant le turban, et tenté de lui vendre des avions et du matériel militaire. Étrange comportement de la part des Français.

De nombreux designers étrangers utilisent les images de dieux et de déesses hindous sans savoir que ces images sont vénérées par plus d'un milliard d'hindous du monde entier. Pour eux, ce n'est que du kitsch, mais pour les hindous c'est une profanation.

Dans ce monde globalisé, la moindre protestation d'individus sincèrement choqués est qualifiée d'intolérance ou d'atteinte à la liberté d'expression par les pays occidentaux. Rappelez-vous le scandale des caricatures de Mahomet. Le Danemark, jusque-là connu pour sa tolérance, la courtoisie de ses habitants et ses jolies blondes, est devenu du jour au lendemain un pays satanique pour l'ensemble du monde musulman. Alors que les entreprises danoises essuyaient de grosses pertes sur les marchés du Moyen-Orient, d'autres entreprises européennes comme Nestlé et Nokia ont dû montrer patte blanche et proclamer qu'elles n'étaient pas danoises : « S'il vous plaît, ne nous boycottez pas et ne nous assimilez pas à ces Danois, nous ne sommes pas danoises mais respectivement suisse et finlandaise, et n'avons rien à voir avec ces caricatures… » Aujourd'hui, les citoyens danois réfléchissent à deux fois avant de partir en voyage dans un pays musulman.

Ce sont les conséquences négatives de la mondialisation. Certes les hindous, contrairement aux musulmans, ne condamnent pas d'une manière aussi radicale les entreprises ou les marques étrangères. Mais les Occidentaux feraient bien d'apprendre à mieux connaître les autres cultures pour éviter de heurter des sensibilités. Car, dans notre monde actuel, les actions et les réactions sont promptes. Un simple choc de cultures peut vite se transformer en un conflit de civilisations aux retombées autrement plus graves.

CHAPITRE 20

S'adapter ou échouer, il faut choisir

Si vous souhaitez faire du business en Inde, vous devez accepter ce pays tel qu'il est. Autrement dit, vous adapter à ses caprices et ses fantaisies.

Prenez le cas de McDonald's. En Inde, le roi du fast-food ne vend pas de hamburgers parce que la vache est un animal sacré pour les hindous qui représentent plus de 80 % de la population. Il ne vend pas non plus de plats à base de porc parce que l'Inde est le deuxième pays musulman du monde. Alors il propose essentiellement des burgers aux légumes, au poulet et à l'agneau. Et connaît un essor rapide. Qui aurait cru qu'une chaîne de fast-foods aussi puissante que McDonald's, dont le produit-phare est le célèbre hamburger, aurait été obligée d'abandonner sa compétence de base, comme on dit dans le management ?

La quasi-totalité des grandes chaînes de fast-foods mondiales, comme Pizza Hut, Domino's ou Kentucky Fried

Chicken, ont dû s'adapter au goût indien. Quoi qu'il arrive, les Indiens restent eux-mêmes.

Pour rester dans le domaine alimentaire, sachez que les végétariens sont très nombreux en Inde. Certains bannissent même les œufs. Les Indiens sont très attentifs à ce qu'ils mangent, presque paranos. Un dentifrice commercialisé avec la mention « dentifrice 100 % végétal » s'est rapidement imposé dans les esprits et sur le marché. Tout comme un sel de cuisine portant la mention « sel 100 % végétal » (sous-entendu sans arêtes !). Vous trouvez aussi des plats en céramique avec la mention ajoutée « fabriqué sans porcelaine tendre anglaise » (sous-entendu sans poudre d'os calcinés) qui font le bonheur des végétariens ! Des biscuits et des gâteaux sans œufs. Vous trouvez même de la « mayonnaise sans œufs » spécialement destinée aux végétariens (pourtant, il faut bien des jaunes d'œufs pour fabriquer de la mayonnaise, non ?). Certains restaurants végétariens vont jusqu'à proposer des « omelettes » sans œufs, à base de lentilles jaunes ! Qui a dit qu'il fallait casser des œufs pour faire une omelette ?

Les produits coréens, longtemps réputés de mauvaise qualité, sont aujourd'hui bien implantés sur le marché indien. LG et Samsung ont compris la mentalité « *value for money* » des Indiens — des produits de qualité à prix limités — et réalisé des investissements massifs à long terme. Les Coréens ont été les premiers à respecter le consommateur indien pour ce qu'il est. Tandis que les marques locales prenaient ces consommateurs pour plus bêtes qu'ils ne sont en leur disant : « Puisque vous êtes indiens, achetez indien, quelle que soit la qualité », LG et Samsung leur proposaient des produits haut de gamme. Le consommateur indien a vite délaissé les marques locales au profit des marques coréennes. Aujourd'hui ces dernières, malgré leur entrée tardive, possèdent une part enviable du marché et sont loin devant les marques indiennes et japonaises.

Dans le domaine des détergents, les puissantes multinationales comme Lever et Procter&Gamble étaient en situation de quasi-monopole. Puis est arrivé un concurrent local sur le marché des lessives en poudre : Nirma. L'histoire de Nirma est devenue légendaire sur le marché indien. La marque est née de l'imagination d'un homme simple qui voulait offrir une lessive meilleur marché à la ménagère indienne. Et elle représente aujourd'hui la lessive la plus vendue en Inde. Les multinationales n'ont pas pu rivaliser malgré leur « force de frappe » marketing. La ménagère indienne n'a jamais pardonné aux multinationales de lui avoir fait payer sa lessive trop cher pendant si longtemps.

La plupart des Indiens ne se lavent les cheveux qu'une fois par semaine. Chaque shampoing nécessite entre 7 et 10 ml de produit. Mais il n'y a pas si longtemps, le consommateur indien était obligé d'acheter une bouteille de shampoing de marque d'une contenance de 250 ml qui ne lui coûtait pas moins de 40 roupies. Or la majorité de la population n'a tout simplement pas les moyens de s'offrir du shampoing à ce prix-là. Une petite entreprise du sud de l'Inde a compris le problème et s'est mise à fabriquer des mini berlingots de 7 ml vendus 1 roupie. Au lieu d'acheter une grande bouteille, le consommateur indien pouvait acheter une mini-dose pour se laver les cheveux.

Ces mini-doses de shampoing ont remporté un succès phénoménal, obligeant les multinationales à s'adapter.

Ainsi sont apparues les mini-doses de marque à 2 roupies. Actuellement, les mini-shampoings se taillent la part du lion du marché des shampoings. Ils ont lancé la révolution du « petit volume à petit prix ». Toute multinationale que vous êtes, vous ne réussirez pas sur le marché indien si vos produits et vos prix ne sont pas adaptés.

Les Indiens mangeaient des flocons de céréales bien avant l'arrivée de Kellogg's dans leur pays. Des céréales cuites ou mi-cuites, réduites en lamelles et mélangées à des épices et de la noix de coco, sont consommées à tout moment de la journée aux quatre coins du sous-continent. Kellogg's s'est lancé dans une impressionnante campagne de publicité pour un petit-déjeuner composé de flocons de céréales, de lait et de fruits. Mais en Inde, la diversité des petits-déjeuners n'a d'égale que celle de la population, et les épices sont incontournables. Ces gros paquets de céréales, rectangulaires et colorés, de la marque Kellogg's ont suscité la curiosité des mères de famille. Quelle n'a pas été leur déception de trouver à l'intérieur un emballage en plastique rempli de flocons légers ! La taille du paquet était disproportionnée par rapport à son contenu.

Vous vous attendez à trouver beaucoup de produit dans un grand paquet, non ? Mais les paquets de céréales Kellogg's étaient à moitié vides. Une mauvaise expérience de consommation pour une ménagère indienne. Tous les efforts de Kellogg's pour changer les habitudes des Indiens en matière de petit-déjeuner, toutes ses dépenses publicitaires pour souligner les qualités nutritionnelles des flocons de céréales n'ont servi qu'à avantager les fabricants locaux qui vendent leur produit dans des paquets pleins à ras bord !

Autre cas intéressant : celui du yaourt — appelé *curd* en Inde. En Occident, les consommateurs achètent des yaourts en pots. En Inde, toutes les femmes savent fabriquer du yaourt et en font tous les jours. Le *curd* se consomme après le repas avec un peu de riz cuit et de sel ou un peu de sucre. Il peut aussi être dilué avec de l'eau et mélangé à du sucre ou du miel (ou encore à du sel, du poivre et de la coriandre) : vous obtenez du yaourt à boire.

Dans les années 1980, des efforts marketing importants ont été réalisés pour introduire le concept de yaourt en pot sur le marché indien. Verdict : les Indiens aiment les yaourts. Formidable ! Encouragée par ce résultat positif, une marque de yaourt en pot a été commercialisée. Résultat : un fiasco total. Les consommateurs indiens ont pris les pots de yaourts pour des pots de crème glacée. Et lorsqu'on leur a expliqué qu'il ne s'agissait pas de crème glacée mais de yaourt, ils se sont sentis trompés parce qu'acheter du yaourt n'existe pas en Inde. Les mères de famille ont toujours du *curd* sous la main à la maison, alors pourquoi en achèteraient-elles ? En revanche, elles ont continué d'acheter de la crème glacée, un dessert ou un produit de grignotage très apprécié en Inde.

CHAPITRE 21

Apprenez à lire entre les lignes

Le quotidien anglais le plus diffusé dans le monde n'est pas publié en Angleterre, aux États-Unis, en Australie ou dans tout autre pays anglophone, mais en Inde. Le *Times of India* est le quotidien anglais le plus diffusé dans le monde. Et il est battu par un quotidien hindi encore plus largement diffusé. Comment cela est-il possible lorsque l'on sait que 40 % de la population indienne est illettrée ? Pas seulement en anglais, mais dans toutes les langues indiennes.

Néanmoins, le plus important est le contenu de ces journaux. Si vous les parcourez, vous risquez d'être extrêmement désorienté par leurs propos. Voici quelques gros titres recueillis dans la presse indienne de ces dernières années :

➤ Une vague de froid intense tue des milliers de personnes dans le nord de l'Inde.

➤ Une vague de chaleur intense tue des milliers de personnes dans le sud de l'Inde.

© Groupe Eyrolles

➤ Une femme atteinte du sida lapidée à mort par des villageois.

➤ Un missionnaire chrétien australien et ses deux fils brûlés vifs par des fanatiques hindous.

➤ IBM va investir 6 milliards de dollars en Inde pour accélérer ses projets d'expansion dans le sous-continent.

➤ Apple quitte l'Inde en invoquant des projets non réalisables, de faibles profits et une rotation des effectifs élevée.

➤ Les gardes du corps du président soupçonnés d'être impliqués dans un viol.

➤ Le petit-neveu du Premier ministre jeté hors d'un train en marche et tué.

➤ Plus de 3 000 personnes sont tuées chaque année sur les voies ferrées de Bombay.

➤ L'IIM (Indian Institute of Management) figure parmi les 10 meilleures écoles de management du monde.

➤ L'examen d'entrée à l'IIM annulé suite à des fuites circulant sur les sujets d'examen.

➤ Une pénurie de bouteilles d'oxygène tue 142 enfants dans un hôpital de Delhi.

➤ Le constructeur automobile BMW sur le point d'installer une usine en Inde.

➤ Monsieur Azim Premji, à la tête de Wipro, le géant indien des services informatiques, fait son entrée dans le classement *Forbes* des 10 milliardaires les plus puissants du monde avec une fortune estimée à 6 milliards de dollars.

➤ Des populations mortes de faim dans les États de l'est de l'Inde.

➤ Les trois premières sociétés pétrolières indiennes figurent dans les 500 premières entreprises du monde.

➤ Près de 320 millions d'Indiens vont se coucher tous les soirs en ayant faim.

➤ L'Inde enregistre des surplus agricoles.

➤ 35 à 40 % de la population indienne absorbe un volume de nourriture équivalent à celui de l'Afrique subsaharienne, ce qui fait de l'Inde « la République de la Faim ».

➤ Plus de 75 % des Indiens pensent que leur culture est supérieure à d'autres, selon un sondage récent.

➤ Plus de 40 % de la population indienne (soit environ 400 millions d'individus) vivent avec moins de 1 dollar par jour — c'est ce que rapporte un célèbre magazine occidental.

➤ La classe moyenne indienne, qui représente actuellement plus de 200 millions de personnes avec un revenu disponible, est en augmentation.

➤ L'Inde remporte le titre de Miss Monde.

➤ L'Inde remporte à nouveau le titre de Miss Monde.

➤ L'ancienne Miss Inde se suicide.

➤ 65 millions de dollars : c'est ce qu'a coûté le mariage de la fille du magnat de l'acier d'origine indienne Laxmi Mittal.

➤ Près de 250 millions d'Indiens vivent en dessous du seuil de pauvreté.

➤ Près de 65 % des ménages indiens n'ont pas de compte bancaire.

➤ Près de 20 % des mendiants de Calcutta ont un compte d'épargne !

➤ La police de Delhi décrète que la mendicité sur la voie publique est un délit.

➤ Environ 95 % de la main-d'œuvre indienne, soit approximativement 450 millions d'Indiens, travaillent dans l'économie informelle.

➤ Près de 70 % des véhicules qui circulent sur les routes indiennes ne sont pas couverts par une assurance-automobile.

➤ Près de 75 % des Indiens n'ont pas d'assurance personnelle.

➤ Environ 75 % des Indiens sont très heureux, selon un sondage récent.

➤ L'Inde possède le premier cheptel du monde.

➤ Les végétariens refusent de louer leur logement à des non-végétariens.

➤ L'Inde est le premier producteur mondial de lait et de produits laitiers.

➤ L'Inde est le deuxième producteur mondial de fruits et de légumes.

➤ Près de 50 % des fruits et des légumes pourrissent en raison du manque de moyens de transport et d'installations frigorifiques.

➤ L'Inde est le deuxième producteur mondial de riz.

➤ Les limonadiers PepsiCo et Coca-Cola condamnés à une amende par la Cour suprême pour avoir dégradé les rochers avec leurs panneaux publicitaires dans l'État du Himachal Pradesh, au départ de la chaîne himalayenne.

➤ Le port du casque rendu obligatoire pour les motocyclistes à Bombay. L'opinion publique proteste, jugeant le casque incommode.

➤ L'Inde affirme qu'elle a le droit de procéder à une frappe préventive contre le Pakistan.

➤ Les Missionnaires de la Charité (fondés par Mère Teresa) obtiennent les droits exclusifs sur leur logo.

➤ Le Vendredi saint en passe d'être supprimé de la liste des jours fériés dans l'État du Gujerat, gouverné par le BJP.

➤ Le gouvernement du Rajasthan encourage Albert Ford à créer un Disneyland spirituel en l'honneur du dieu Krishna.

Dans un pays aussi protéiforme et complexe que l'Inde, les événements et les chiffres sont toujours contre vous ou en votre faveur. Tout dépend de votre point de vue.

CHAPITRE 22

Le zéro en supplément

Imaginez les mathématiques sans le zéro. Ce sont les Indiens qui ont inventé le fameux zéro. Le mot « zéro » se dit « shoonya » en sanskrit, ce qui signifie « vacuité ». Seule une société hautement évoluée peut croire au vide. Le concept du néant se manifeste de multiples façons. Le karma, le destin, la fatalité, la maya (l'illusion fondatrice qui donne naissance au monde de l'Homme)… tout cela fait partie intégrante de l'ADN de l'Inde.

La nation indienne a une soixantaine d'années. La civilisation indienne remonte à la nuit des temps. Les Indiens ont inventé le jeu d'échecs et la grammaire. À l'époque où les Occidentaux vivaient dans des grottes vêtus de peaux animales, les Indiens écrivaient des poèmes et des essais sur la vie après la mort.

Même si tout cela est aujourd'hui de l'histoire ancienne, le sentiment de supériorité perdure. Il s'agit avant tout d'un sentiment de fierté objectif. Ce complexe de supériorité n'est pas collectif, mais individuel. L'attitude

« oui, et alors ? » du taureau installé en plein milieu de la route et indifférent à la circulation.

Cette attitude a été rebaptisée « ainsi sommes-nous » par la génération actuelle. En réalité, l'Inde est ce qu'elle est depuis des générations. Plus elle semble changer, plus elle semble rester la même.

L'un des aspects les plus intéressants des films indiens est leur organisation autour de séquences de chansons et de danses qui forment une histoire et une narration à part entière et déconcertent les Occidentaux. Les écrivains et les psychologues les appellent « interruptions de la vie mouvante et insaisissable de la conscience » ou « suspensions délibérées de l'incrédulité ». Mais les Indiens aiment ces séquences, tout simplement. Cette même suspension sélective et collective de l'incrédulité existe dans la vie quotidienne.

Comme vous le savez dorénavant, il n'y a pas une Inde, mais des Indes. Des Indes multiples. D'une certaine façon, les Français avaient raison, autrefois, de parler des Indes.

L'Inde est confrontée à de nombreux problèmes majeurs : la faim, l'électricité, l'éducation, la santé, l'emploi, etc. La mondialisation, les réformes et l'argent dépensé par les riches (dans l'idée qu'il finira par profiter aux plus démunis) sont-ils capables de satisfaire ces besoins élémentaires ou se contentent-ils d'apporter un sentiment de bien-être aux classes moyennes et aisées ? D'après certains rapports des Nations unies, les Indiens ont moins à manger qu'il y a vingt ans.

Jadis, c'était les maharajas, les princes et les grands propriétaires terriens qui restaient à distance des plus démunis. Aujourd'hui, ce sont les riches citadins, les politiques et les décideurs qui sont devenus indifférents aux plus pauvres.

Dans les villes, où que vous alliez, vous voyez des quartiers résidentiels dont les habitants sont barricadés derrière d'énormes portails métalliques et font appel à des gardes privés. Ces îlots résidentiels réservés aux classes moyennes et aisées sont entourés de quartiers pauvres. Autrement dit, des ghettos de riches sont entourés de ghettos de pauvres. Ces inégalités grandissantes vont inévitablement engendrer des conflits sociaux. Avec l'avènement de la télévision par câble, les aspirations ont grandi plus vite que les moyens disponibles pour les satisfaire. Beaucoup s'impatientent. La classe moyenne et les plus riches vivent dans une bulle de verre entourée d'Indiens pauvres, affamés et sans abri. Un jour ou l'autre, peut-être par un simple jet de pierre, la révolte éclatera.

Le Mahatma Gandhi disait que mère Nature pouvait satisfaire tous les besoins des hommes mais pas tous leurs désirs. Ses idéaux ont été remplacés par l'économie de marché. Les lois du marché ne profitent pas à la majorité des Indiens, en particulier ceux des zones rurales.

Alors qu'une toute petite minorité d'Indiens chate sur Internet, fête Halloween et attend impatiemment le prochain épisode de *Desperate Housewives*, la grande majorité fait les poubelles pour se nourrir. Les pères fondateurs de la nation ne s'attendaient pas à ce que de telles inégalités persistent. C'était de grands hommes au grand cœur, animés d'idéaux nobles, remplis d'amour pour l'humanité entière, de compassion pour leurs semblables, et qui voulaient à tout prix libérer les opprimés. Mais leurs idéaux et leur héritage d'autosacrifice sont oubliés par ceux qui détiennent aujourd'hui les rênes du pouvoir.

Jeunes et moins jeunes, tous sont terriblement déçus par les responsables politiques, écœurés par la criminalisation de la politique et la manipulation des principes démocratiques. Ils se lamentent souvent en disant : « Si seulement les Britanniques avaient gouverné un peu plus longtemps, l'Inde aurait été plus avancée… regardez ce qu'ils ont fait avec l'île de Hong Kong, ils l'ont développée et apportée aux Chinois sur un plateau ! »

Les efforts des combattants pour la liberté n'ont-ils servi à rien ? Le Mahatma Gandhi a été le plus grand défenseur de la liberté de l'Inde. Lorsqu'il a été assassiné en 1948 par un fanatique hindou, les médias occidentaux ont, à juste titre, assimilé cet acte à « une nouvelle crucifixion ». À l'heure actuelle, des centaines de millions d'Indiens pauvres attendent toujours la venue d'un nouveau Gandhi.

Gandhi personnifiait le combat pour la liberté. Il connaissait les inégalités de son pays, il comprenait ses fléaux sociaux et il savait comment les éradiquer par des mouvements participatifs et populaires. Malheureusement, ses efforts pour changer la mentalité des individus et développer la société sans dépendre de forces extérieures n'ont pas été poursuivis.

Si l'Inde veut, elle aussi, sa part du progrès social, elle doit regarder vers l'intérieur et non vers l'extérieur. Gandhi rejetait l'imitation aveugle de l'Occident. Puisque l'Inde doit faire face à des problèmes qui lui sont propres, elle doit développer ses propres solutions. Par exemple, elle n'a nullement besoin d'emprunter de l'argent à des taux d'intérêt élevés pour construire des routes. Elle possède le principal, à savoir de vastes ressources naturelles, une main-d'œuvre qualifiée abondante et toutes les compétences techniques nécessaires. Mais les experts mettent trop souvent en avant le manque de fonds. Quelle absurdité !

Éradiquer la pauvreté et sensibiliser la population à la justice sociale est l'essence même de la philosophie gandhienne. Pour un pays en développement tel que l'Inde, et tous les pays sous-développés en général, les idéaux de Gandhi seront toujours d'actualité. Gandhi refusait tous les « ...ismes ». Mais aujourd'hui, il est plus important d'attirer les investissements directs étrangers que de suivre ses principes. Ceux qui critiquent Gandhi l'accusent d'avoir été un idéologue. Mais ce sont pourtant ses idéaux qui ont libéré l'Inde de l'impérialisme britannique sans le moindre coup de feu. Et ses idéaux qui peuvent libérer l'Inde de ses inégalités croissantes. Toute la question est de savoir si le sous-continent est capable de produire un nouveau Gandhi.

Après avoir lu ces quelques pages, vous êtes probablement en proie à des sentiments contradictoires concernant l'Inde. Ne vous inquiétez pas, l'Inde suscite toujours ce type de sentiments. Être partagé vaut mieux qu'être pour ou contre. Car si vous êtes pour ou contre, vous allez passer à côté de ce qui fait tout le charme de ce pays.

À l'heure où la démocratie est parachutée en même temps que des bombes à fragmentation, où de petites nations sans défense sont poussées de force, tels des enfants qui ne veulent pas aller à l'école, à se mettre à la table des réformes, tout individu devrait être capable d'aller au-delà du pour et du contre. Et l'Inde est un lieu idéal pour transcender ce manichéisme.

www.ingramcontent.com/pod-product-compliance
Lightning Source LLC
Chambersburg PA
CBHW051144020726
47501CB00005B/1672